傍聴弁護人から異議あり！

北尾トロ

現代人文社

表紙・扉イラストレーション　doux papier まゆみん・加藤英一郎

まえがき

刑事裁判を傍聴するとき、ぼくは被告人の立場になって考えることが多い。

この人はなぜ被告人席に座っているのか。動機、生活環境、事件に至る流れ、犯行の瞬間の気持ち。同情すべき点。本当はいい人間なんだと訴える証人の言葉は信じられるか。傍聴席でやりとりを眺めながら、自分なりに妄想するのだ。

あの表情、本気度が感じられない反省の言葉。信じていいのだろうか。執行猶予など付けてみろ、即座にまたやるんじゃないか……。人生の土俵際に立たされている被告人にしてみれば「おまえに何がわかるんだ!」と叫びたくなる迷惑男かもしれない。

裁判の〝主役〟である被告人に注目するのは、ほかに自己を投影できる対象がないからでもある。裁判官になった気分で、「懲役4年に処する」と内心呟くことはあっても、法律や判例の知識がなくては根拠も示せず何の説得力もない。被害者に同情することはあっても、すべての証拠を悪いほうに解釈し、なるべく重い刑を被告人に与えるべく尽力する(ように見える)検察官の立場でものを考えることには抵抗感がある。

唯一、「もし自分が」と想像できる立場が被告人なのだ。ぼくは前科も前歴もないけど、この先ずっとそうである保証はない。交通事故で人を殺めてしまえば、悪意などなくても法廷に立たされる。満員電車で揺られたはずみに女性に触ってしまい、チカン犯人と誤解される可能性もゼロではないのだ。

殺人事件のような血なまぐさい犯罪には無縁か? それもどうだろう。わが子が通り魔に刺され、目の前に犯人がいれば、取り乱して反射的に凶器のナイフを手にし、刺してしまうのではないか。法廷の中でたったひとり「もし……」が成立するのが被告人。だからぼくは想像する。

被告人と同じ境遇だったら自分はどうするだろう。悪事に手を染めるのではないか。それとも、ほかの解決策を探すだろうか。

被告人はいまどんな気持ちでいるだろう。犯した罪の重さをどこまで深刻に受け止めているだろう。事件当時の気持ちを冷静に振り返ることができるのか。反省の涙は本物か。これまでの人生、塀の中で過ごす長い時間、刑期を終えてからの再出発。被告人の家族は、その日をどんな気持ちで待つのだろう。罪を全面的に認めているケースでも、妄想が広がりまくって止まらない。

こうしたなか、つい存在を忘れそうになるのが弁護人である。

裁判で、弁護人は被告人の権利を守り、共に戦う存在だ。起訴側は捜査機関である検察官。法律知識のない素人が立ち向かえる相手ではない。そこで、被告人の代理人として弁護人を選任する権利を刑事訴訟法で定めている。弁護人になるのは、ほぼ100％弁護士だ。

弁護人の仕事は、法律知識を駆使し、被告人の代わりに法廷で検察官と対峙するだけじゃない。拘置所などにいる被告人と接見し、精神的な支えになったり、身動きのとれない被告人に代わってさまざまな活動を行う。つまり簡単に言えば、被告人の意思に沿い、裁判が終わるまで一心同体となって活動する法律および裁判のプロである。被告人の無罪主張には無理があるとしか思えなくても、代理人たる弁護人は「すごく怪しまれるのはわかりますが、やってないんですよ」と言い通すのだ。

一口に弁護人と言っても、さまざまなタイプがいる。明らかにやる気のない人、張り切り過ぎて空回りする人、勢いあまって被告人を叱り飛ばす人。キャラの強い弁護人を見かけると、ぼくはそのつど、彼らの奮闘(?)ぶりをおもしろおかしく描写してきた。

言い方を変えると、弁護人全体を見ていない。とくに、派手さはないが堅実に仕事をするタイプの弁護人を、見ているようで見ていない。被告人に寄り添うように真面目な弁論を展開する人、うまく意見を主張できない被告人に代わり証拠の矛盾を突く人、そつなく証人を登場させ過不足なく出所後の目処を述べさせる人、などである。被告人に気を奪われがちなぼくは、弁護人を気にとめることなく過ごしてきたのだ。彼らこそ、被告人の代弁者なのに。

『季刊刑事弁護』で連載することになったとき、この機会に弁護人の目線で傍聴してみようと思ったのはそういう理由からだった。裁判員裁判に絞り込んだのは、法律のプロである裁判官・検察官・弁護人のトライアングルで進みがちな裁判より、一般人6名が混じる裁判員裁判のほうが、弁護人の個性や戦略が浮き彫りになりやすいからである。

裁判官の持つ3票に対し、裁判員の票は6票。彼らを味方につけなければ、いい結果は得られない。そして、ぼくも弁護人チームの一員になったつもりで傍聴することにした。一員というか、妄想を炸裂させているだけの存在なんだが……。

するとどうなったか。見慣れた裁判のやりとりが、これまでと一変して感じられたのである。弁護人の言葉によって、裁判員たちの反応、被告人の感情に動きが出る。判決という結果に向かって、あるときはなだらかに、あるときは急激に、法廷の空気が変わっていく。

弁護人たちは戦っていた。勝ち目のなさそうな事件でも、持てる材料を駆使し、ただでは引き下がらない覚悟を示した。

なぜなんだろう。与えられた任務を全うする職業意識のせいなのか。日本の裁判はほとんどが有罪になる。過去の判例から、おおよその結果は始まる前に想像できるはずだ。

でも、だんだんわかってきた。弁護人は、被告人の代理人であるだけじゃないのだ。被告人のために戦いつつ、法廷では一種のパフォーマーとなって聞く者の感情を揺さぶる。国家権力から個人を守る防波堤としての役目もある。

弁護人の燃える心が、傍聴人のぼくに乗り移らないはずがない。が、悲しいかな、こっちは素人。必須条件であるクールさが保てず、ついつい熱くなってしまう。

大丈夫なのか。その弁論でこの裁判、勝てるのか。ここで畳みかけなくていつスパークするのだ。眠そうな左端の裁判員を証拠への鋭いツッコミで叩き起こせ……わけがわからないね。

弁護人が何を考え、どんな言葉で劣勢からの挽回を試み、それがどういう結果に結びつくのか。うだうだ説明するより読んでもらうのが早そうだ。８つの法廷で繰り広げられる弁護人たちの奮闘を、あなたも傍聴席に座ったつもりで。

では、開廷いたします！

目次

長女の将来をめぐる駆け引きは功を奏するか

■危険運転致死事件■

▼弁護人の目から見える法廷とは?

弁護人はどんな戦略を練って裁判に臨むのか。法廷というナマの舞台で、その戦略はどこまで通用するのか。弁護人サイドから裁判傍聴し、そこをじっくり観察したい。そのためには、自分も弁護人になったつもりで、一緒に戦う意識が必要だと思われる。

ぼくは法律の専門家じゃないから、そっち方面からのツッコミはできない。でも、それを言えば6名いる裁判員も同じ。裁判員裁判において、弁護人は素人を相手にし、彼らが被告人の言い分を認めるような弁論をしなくては裁判に勝てない。極端な話、聞いていて「その意見は強引過ぎるだろ!」と裁判員にそっぽを向かれてしまえば、プロの裁判官3名が票を入れたとしても、いい結果には結びつかないのだ。

そのあたりは弁護人も重々承知なのだろう。攻める立場の検察官にも言えることだが、裁判員裁判が始まってからというもの、法廷の雰囲気はガラリと変わっている。

まず、プロ同士だから通用していた法律用語の連発がなくなった。罪を認めている性犯罪者に対して検察官（主に女性検事）が見せる、「あなた、いい歳して女子高生のカラダを触ったりして恥ずかしくないの！」みたいな説教パフォーマンスも影を潜めた。〝法廷名物〟を見る機会が減ったのはちょっと寂しいが、被告人を過剰に責め立てると裁判員の心証を悪くするという判断だろう。じゃあ、これまでのは何だったんだ？

事前に行われる公判前整理手続で争点が整理されることや、判決までの日程が決まっているため、弁護人が時間稼ぎに（そうとしか見えない）裁判の引き延ばしを図ることもなくなった。裁判員の目を気にしてか、頬杖をついたり眠そうにしている弁護人を見かけなくなったし、着るものや髭の手入れにも気をつかい、何かこう、ワイルドなところ、むき出しの戦闘態勢ってものが見受けられなくなってきた。

表面的にはソフトに、進行はスムースに。そのうえで、検察官と弁護人が互いの目標に向かって火花を散らす。これが裁判員裁判の特徴だ。

弁護人の席は、裁判員から見て左右いずれかの斜め前方。正面にいるのは検察官である。対戦相手と言ってもいいが、〝審判〟は裁判官と裁判員で、この両者を意識しながら戦う。守るべき被告人は自分の脇またはすぐ前の席。原告や被告人の関係者は傍聴席前列にいるのが通常だ。

そこからは何が見えているだろう。手元の書類ばかりに気を奪われているようではおそらくダメ……、これは言い過ぎか。しょせん裁判は検察官の証拠を認めるか否かの勝負。ハナから勝ち目のない裁判はある。全面的に罪を認めるケースなどだ。でも、代理人の仕事は、与えられた条件の下で被告人に有利な判決を導くことだとすれば、情状を得るための戦い方ってものがあるだろう。

空気を読む。これも少し違う気がする。ぼくはこれまでの傍聴経験で、眠そうにしていた裁判員が身を乗り出して話を聞くようになるなど、裁判の潮目が変わったと思える瞬間を何度か目撃してきた。ただし、それには理由がある。急に裁判員がやる気になったりすることはないのだ。

被告人の態度や答弁。証人の感動的な証言。説得力に満ちた弁護人の言葉。これらが引き金となり、場の雰囲気が変わる。法廷に刺激が加わる。とすれば、弁護人の仕事は空気を読むのではなく、作り変えることだ。大仕事だけど、被告人に不利な状況からスタートする裁判の流れをこちらに向けるにはそれしかないよな。

裁判員の良識にまかせる？　無作為に選ばれた、どんな考えを持つか皆目わからない人たちの？　それはプロとして最悪の選択。被告人から見れば運任せで仕事しない弁護人でしかない。

ほかにも弁護人は、被告人の気持ちが折れないよう配慮し、ふてくされたり破れかぶれにならぬよう気を配らなければならない。主役はあくまで被告人なのだ。代理人が目立ち過ぎてはならない。

検察官とのバトル、裁判官・裁判員の説得、被告人とのコンビネーション、証人からの価値あるコメントの引き出し。裁判期間中も、法定外での打ち合わせ、接見があるはずだ。

準備期間があるとはいえ、これらが同時進行するのが裁判だ。しかも、想定外のことが起きる可能性が常にあり、瞬時の対応まで求められる。いやー大変だよ弁護人。傍聴席に目を移せば、メモ帳片手に戦況を見つめる傍聴人が。なかには傍聴人のくせに弁護人になったつもりで、妄想をめいっぱい膨らませている男までいるし……、ぼくのことだが。

まあ、ともかく日本で唯一の傍聴弁護人になったつもりで、張り切って弁護人チームに加わらせてもらおう。

▼事故の記憶がない被告人

弁護人と一口に言ってもいろんなタイプがいる。弁護人になったつもりで傍聴するコツがわからない初心者としては、イメージをつかみやすい人から入っていきたい。

というわけで、1回目は、村木一郎弁護士。ぼくは埼玉愛犬家殺人事件の控訴審（東京高裁）で勝手に初対面して以来、担当した事件をいくつか傍聴してきた。また、拙書『裁判長！おもいっきり悩んでもいいすか』（文芸春秋、2009年）で監修者になっていただいたこともある。埼玉県で起きた重大事件で、誰も手を挙げる人がいない国選弁護の多くは、村木弁護士にお鉢が回ってくるという。

今回の罪状は、危険運転致死。酒酔い運転＋ひき逃げの事件である。重大事件だが、交通事故には悪意が存在しにくいので、殺人事件などに比べれば、ぼくも冷静に参加（頭の中で）できると考えた。

ただ、これが少々ややこしい。被告人は酒を飲んで運転したことも、人をはねて死亡させたことも、その場を立ち去ったことも認めているのだが、べろべろに酔っていたため事故の記憶がないというのだ。

しかもこの事件、初めは酒酔い運転＋自動車運転過失致死として扱われていたのが、途中から危険運転致死へと変更されて起訴されたため、裁判員裁判になった経緯がある。

そのため、当初担当することになった、裁判員裁判も公判前整理手続も未経験の若手弁護士だけでは不安が残ることから、補佐的な役割をベテランの村木弁護士が行うことになったらしい。若手が主任、村木弁護士が脇を固める、やや変則的な布陣だ。

事件の概要をまとめるとこうなる。

被告人は某日深夜、生ビール３杯と焼酎約５４０㏄ほどを飲んだ後、いつもなら店主のはからいで店に泊めてもらったり車内で仮眠して酔いを冷ましていたのにクルマを運転。途中で人をはね、自宅前の駐車場で、フロントガラスが蜘蛛の巣状に割れた車内で眠り込んでいるところを通行人に発見され、通報を受けた警官に起こされた。

警官にフロントガラスのことを尋ねられた被告人は、なぜ割れているか答えられず、事故についても同様。その後、状況的に自分がやったことは認めたものの、居酒屋を出てから警官に起こされるまでの記憶がまったくないと言い続けている。

当然、争点はこれがひき逃げに該当するかどうか。普通の人間なら、大事故を起こして記憶がないなど信じがたい、嘘をついているのではないかと考えるだろう。客観的に考えて不利ではないか。

ではどうするのか。弁護人サイドの戦略が気になる。

本来なら、傍聴席からやりとりを観察し、弁護人になりきって共に考え、戦っていきたいところだ。でも、自分はあまりにこの立場に慣れていない。既知の間柄でもあるし、村木弁護士に話を聞きにいくことにした。弁護人の発想や戦略について無知なぼくの妄想につきあわされるより、そのほうが読者にとってもベターというものだ。

であれば直球を投げ込もう。

「村木さんは被告人の言うことを信じているんですか？」

代理人たる弁護人は、被告人が嘘をついているかどうかを判定する係ではない。建前はそうだし、プロとしてそうであるべきだろう。でも、実際どうなのか知りたい。それによって、こっちのモチベーションが違ってくるのだ。

「主任弁護人が何度も被告人に接見し、私も会い、記憶喪失が嘘ではないとの確信を得ました。ですので、ひき逃げとは認めない方向で作戦を考えています」

おお、そうなのか。何度も接見して決めた立ち位置であれば、ぼくも安心して船に乗ることができる。

でもなあ。検察官が意識はあった、悪質なひき逃げだとする根拠は、付近の住民がぶつかったときの「ドーン」という音の後、エンジン音が大きく聞こえたり、スリップ音をたてながら加速していったという証言。被告人に事故の認識があったという論理である。それを、覚えてないものは覚えてないと言い張って対抗しても効果は少なそうだ。

「そうですね。目立たないように（笑）否認して、あとは裁判員に任せます」

水掛け論になりかねない展開を避け、むしろ情状面から裁判員たちに訴える。これが村木弁護士の戦略だという。具体的には、被告人の母による証言や、施設に預けられている子どもたちから被告人宛てに書かれた手紙を証拠として提出することなどだ。ほかには被害者遺族には受け取ってもらえなかった、被告人からの詫び状など。

うーん、よくあるものばかりだ。これだけでは弱いのではないだろうか。医者でも呼んで、泥酔時の記憶喪失は起こりうるのだと説明してもらったほうがいいのでは。そう口走ると、村木弁護士は静かに首を振る。

被害者は結婚を控え幸せの絶頂だった。道の真ん中を歩いていたわけでもない。悪いのは完全に被告人である。遺族や婚約者も証言台に立つ予定だ。事故を起こしたクルマが対人無制限の保険に加入していたのがせめてもの救いではどうにもならない。

確たる証拠がない以上、言い争えば争うほど言い訳がましく聞こえ、裁判員の心証は間違いなく悪いほうに傾く。

今回の場合、目立たないように否認するとは、ひき逃げか記憶喪失かの判断を裁判員に委ねること。そのとき、刑に服する期間が長いとこういうことが起きる、という被告人の事情をわかってもらうことである。

「被告人には、上は中学生から下は小学校の低学年まで5人の子どもがいます。全員養護施設に入っていて、彼らはそこで父親の帰りを待つことになる。成人すれば出なければならないシステムですので、刑期が長ければ現在10歳の長女は兄たちと離れればなれになってしまう」

被告人は取り返しのつかない罪を犯した。真剣に反省し、刑に服するつもりだ。やみくもに刑を軽くすることを狙うのではなく、現実的な量刑に収めることを第一に考えたほうがいい。これが弁護人サイドの考え方。

データから見ると、危険運転致死は被害者が2名になると10年を超え、悪質だと15年になることもある。被害者1名なら10年以下の判決が多い。なによりも大切なのは悪質であると見なされないことであり、こういう事情があるなら10年以下でいいだろうと裁判員に納得してもらうこと。

「長女が未成年のうちに、被告人が出所できるよう訴えるつもりです。検察官はおそらく10年以上を求刑すると思いますが、我々のほうでは求刑7年を考えています。裁判員の気持ちを動かすことができれば、可能な目標だと思います」

危険運転致死罪で被害者1名の相場は10年以下なのに、村木弁護士の求刑予想はそれ以上。今回が特別に悪質だからではなく、検察官はやや重めに求刑し、そこから情状部分を引き算することで量刑が決まるのが常識的な考え方のようだ。

仮に求刑が10年だとしても、弁護人サイドの7年は3割減。情状部分にかなり期待していることになる。淡々と語る村木弁護士からは、どこまで自信があるか窺えなかったが、大丈夫かこれ。目標のハードルが高過ぎないか？

求刑5年で判決が4年、求刑が10年で判決が8年か9年ならよくあるのだが、それより下になるときは、減らすための確固たる理由が傍聴人にもわかるケースが多いのだ。反省しているとか、再犯のおそれが少ない、出所後の身の振り方にアテがあるといったボンヤリした理由では苦しい。

7年を目指す。8年や9年狙いではなく7年。これが達成できてこそ、いい仕事をしたことになる。自らにそうハッパをかけているということか。

そのために何を用意しているのか。じっくり見ていくことにしよう。

▼なぜ運転をしたのか？

初公判。被告人は起訴状の事実を認め、事故の記憶がないこと、クルマに乗った記憶すらないことをおずおずと申し述べた。主任弁護人がそれを、交通事故の認識がないので道交法違反は成立しないと整理して説明する。裁判員は男5名、女1名の布陣。20代から50代あたりまでだろうか。緊張の面持ちだ。

この中に、被告人の記憶喪失を信じる人がいるだろうか。

飲んで記憶を失った経験のある人はいるかもしれない。どうやって帰ってきたかも思い出せないのに、帰巣本能なのだろうか、朝になると寝間着に着替えて布団で寝ていた経験はぼくにもある。

しかしだ。人身事故を起こしたのに気がつかないなんて、ちょっと想像できない。

飲んでいた店から事故現場までは4・9キロ、約10分。ここでクルマが何かにぶつかった。反射的にブレーキは踏んだようなのだが、「人をはねたかも」と降りて確認することなく再発進。1キロ先の駐車場に戻ったところで安心したのか、眠りこけているところを発見された。運転している最中のことは記憶にないから ひき逃げではない……。なんだか被告人に都合のいい言い分に思われる。

が、記憶が本当になかった可能性がゼロだと断言することもできない。

ひき逃げしたのだとしたら、被告人はなぜ自宅の駐車場で眠り込んでいたのか。どうして捕まるに決まっているマヌケな行動をわざわざとったのか。この緊張感のなさ、ありえんでしょ普通。ぼくも、事故を起こしたことを覚えてないのがウソであるなら、事故後の対応はもっと狡猾であっていいと思う。

裁判員が、結果としてひき逃げになったが、それは記憶喪失のせいであると解釈してくれることに弁護人チームは賭けている。記憶があろうとなかろうと、飲酒運転は絶対悪。だから、事故に至る経緯の部分で余計な言い訳はしない方針と聞いている。

弁護人の冒頭陳述。村木弁護士が裁判員に語りかけるため、被告人席の前に立った。

本来なら主任弁護人が立つ場面だが、経験豊富な村木弁護士が担当したのには意味がある。この裁判はもともと、裁判員裁判になるとは思われていなかった。被害者が生存していたからである。その後、亡くなったことにより罪状が重くなり、裁判員裁判の経験に乏しい主任弁護人は村木弁護士にサポートを依頼した。名目上は若手が主任弁護人だが、実質的なリーダーは村木弁護士と言っていい。

若手に経験を積ませるため、リスクを承知で冒頭陳述を任せる考え方もあるだろうが、今回は微妙な駆け引きがモノを言いそうな事件。どちらが被告人の利益になるかは明白だ。

言い方を換えると、事件の概要主体に述べられる検察官の冒頭陳述直後に行われる弁護人の冒頭陳述は、それだけ重要なパートだということ。裁判員はまだ硬さがとれず、人によっては緊張のあまり話が耳に入りづらい状況だ。弁護人まで緊張しきっていたら、原稿棒読みになりかねない。事務的な陳述では、場の空気をつかむどころか、「やる気あんの?」と思われても仕方がない。

そうなってしまったら、野球で初回に失点するようなもの。ただでさえ被告人に不利な裁判が、ますますやりにくくなってしまう。悪くても失点ゼロ、できれば得点を上げたい。裁判員の事件への関心を呼び起こしたい。若手とベテラン、どっちが先発すべきか、答えは明らかだろう。

「被告人は5人の子どもを持つ父親でした」

きた。いきなり、判決の鍵を握る子どものことを強く印象づける。山場とすべき、〝子どもが書いた手紙〟の伏線、初手から繰り出すか。判決までの日程は3日間。間延びした話をしているヒマはないってことだな。

事故当日の流れは短時間にとどめ、村木弁護士は事件について、危険で悪質なことだと認め、被告人が激しく後悔していると言ってから、3点だけつけ加えた。

① クルマに保険がついている。

② 5人の子が施設に入っていて父親の帰りを待っている。

③ 親族が受け入れを誓っている。

「私たちはこれらをすべて明らかにしたうえで、裁判官、裁判員の皆様に適正な判決をしていただきたいと思います」

目立たないように否認すると言っていたけど、抑揚さえつけないくらいおとなしい冒頭陳述。聞こえやすいようにゆっくりしゃべり、話の変わり目には間を置いて、裁判員の頭が混乱するのを防ごうとするように気をつかっていた。

被告人が事実関係を認めているため、争点は少ない。最大のポイントも交通事故の認識（記憶がある、ない）と、はっきりしている。

初公判はほんの15分程度で終わった。あっさりしているな、というのがぼくの印象だ。でも、ベストの選択だなとも思う。人生初の体験に裁判員は極端に緊張し、ピリピリしているのだ。そんなところに、あからさまに同情をひくようなことを語っても「ミエミエ」と受け取られるのがオチである。

今後のことを考えると第一印象で極悪人のイメージを持たれてはかなわない。簡潔な内容で罪を認め、もっとも訴えたいことを織り交ぜる。弁護人も、被告人のしたことはひどいと考えていることを伝える。今日はそれが最重要だったのだと思う。

気になるのは、検察官が攻めの姿勢を見せなかったことだ。もっと〝ひき逃げ犯〟扱いすると思っていたのだがそうではなかった。拍子抜けしたが、記憶喪失という微妙な問題であることや、警官に起こされたときの態度などから、ガツンとはいけなかったのかもしれない。

わざとひき逃げしたにしてはあまりにマヌケな事後対応と、憔悴しきった被告人を見て、ぼくの気持ちにも「ひょっとしたら記憶なしは本当かも」が芽生えた。可能性がゼロとは言えないという消極的な考えから、嘘をついていると決めつけるのはやめようと思う程度には。裁判員もそうであるなら、うまくいったということだ。

だが疑問はある。そんなに酔っているのに、どうしてまた運転などしたのか。無意識にだとしても、そうさせる何かがあったのではないか。被告人は離婚してひとり暮らし。わけあって子どもは施設にいる。どうしても帰らなければならない理由はない。弁護人、そこをどう説明するつもりだろう。

▼情状をめぐる駆け引き

2日目、検察官は被害者の婚約者を証人を呼び、裁判員の感情に訴えかけてきた。今回の事故で失われたものがいかに大きかったか、被害者や遺族のみならず婚約者の人生まで狂わせてしまったことが明白になる。

裁判員が心を動かされたのが傍聴席からわかるほどだった。事故死した被害者や遺族だけではなく、被告人はフィアンセの女性の人生までも大きく狂わせてしまったのだ。法廷で人を裁く立場になったことなど人生初なら、目の前で証人の涙を見るのも初めて。裁判員の、被告人への心証が悪くなることは容易に想像がつく。

通常、交通事故の裁判が見ていていたたまれないのは加害者に悪意がないからなのだが、今回は飲酒運転。悪意はなくてもタチの悪さではスピード違反のレベルじゃない。村木弁護士が、被告人の母親がきちんと謝りたいと言っているのを受けてもらえるかとフィアンセに尋ねても、「すいません、結構です」とにべもなかった。

なるほどなあ。この切り札があるから、昨日は控えめだったのか。弁護人の目線で裁判に参加しようとしているぼくでさえ、安易な同情はするまいと気を引き締めたほどだ……、どっち側の人間なんだよ！　でも、被告人がとんでもない罪を犯してしまったことは弁護人も認めているし、争点にもなっていない。問題は、ひき逃げだったかどうかである。

ここからいよいよ被告人質問。攻める検察官、守る弁護人と立場が鮮明で、一般的には裁判の山場。ぼく

もこれまでの傍聴では一言も聞き漏らさない勢いで気合いを入れていたものだった。

しかし、弁護人の〝準備と本番〟という観点から見ると、まだ中盤。勝負どころは先にある。

そこで、被告人質問では、ただでさえ不利な立場にある被告人のダメージを最小限にとどめるのが先決となる。できれば、証拠説明を効果的に行うための中間地点、駆け引きの場として使う。こうした発想はこれまでの自分にはなかったので、おもしろがってはいけないが、すごく新鮮ではある。

被告人質問は主任弁護人が行った。淡々と事故当夜の状況を尋ねて、いくつかの重要な証言を引き出していく。話し相手がいなくてつい飲み過ぎてしまったこと、（記憶はなかったが、警察署で説明を聞き）明らかに自分の責任だから「ぶつけた」と発言したこと、次男がクルマにはねられた経験があり怖さをわかっているので意識があれば必ず救うための措置をしたであろうこと、などである。

しかし、検察官も負けてはいない。ねちねち責めることはせず、数少ない質問で、なぜ酔っているのに運転したのか、を匂わせることに成功したのだ。再現してみよう。

「あなたは本当にクルマで寝るつもりだったのか。最初から、今日は運転して帰ろうと思っていたのではないか」

「それはありません」

「飲んでいる途中、携帯から電話をしましたね。どこへですか？」

「家の隣のスナックです」

「事故後10分でスナックにまた電話してますね」

「それは、覚えていません」

「以上です」

この〝余白を活かした〟質問にはシビレた。いや、弁護人チームの一員として言うなら、痛いところを突かれてしまった。被告人に、その日どうしても帰らなければならない理由はなかったのだ。でもまあ、記憶をなくして、なぜか知らねどハンドルを握ったのであろう。そんなふうに解釈してくれることを願いつつ、そこには触れずにいたのに、スナック通いをバラされてしまった。

被告人は馴染みのホステスに電話をしたのだ。帰宅する前にもう一軒、飲みに寄ろうと考えた、この時点で飲酒運転する気だったと受け取れなくもない。事故後の電話は、意識があったんだと裁判員に思わせる効果がある。

実際のところはわからない。本当にそうであれば、検察官はホステスを呼ぶなりして、被告人は嘘をついているど追及するだろう。そうしないということは、電話でもろれつが回らなかったり、2度目の電話はかけただけで通話はなかったり、検察官に有利とばかりはいえない内容だったのだろう。だから、裁判員への印象づけのためだけに使う。

今回は量刑をめぐる裁判。評議に向けて揺れ動く裁判員の気持ちを、どちらがより多くつかめるか。言葉少なに終わった質問とは裏腹に、弁護人と検察官の間で熾烈な駆け引きが行われている。

弁護人や検察官がアッサリしていても、隣のスナックがどんな店でどれくらい通っているのか、事件時は被告人の父が入院中で勾留されてから他界したことなど、補足的な情報は裁判官から被告人への質問で明らかにされた。おかげで裁判員の頭は余計な情報に引っかきまわされることがない。

ジリジリする展開だ。証人でポイントを大きく獲得し、被告人質問でもうまくウソを匂わせた検察官はもう自信満々。逆に弁護人サイドは飲酒運転や事故の責任を認め、ひき逃げのみ否認。有効打が少なく失地挽回ができてない。作戦とわかっていても、あまりに迫力不足なのではと心配になってくる。

何度目かの休廷を挟み、村木弁護士の出番。今度は被告人の母が証言台に立ち、しっかりした口調で現在は施設に預けられている5人の子どもたちの面倒を見ることを誓った。また、酒はやめてほしい、出所後は同居してもいいとの言葉を引き出した。

型通りだが、これは大切。出所後のアテがないと再犯の可能性が高くなると判断されて、情状がつきにくいのだ。また、肉親が見放していないことも同じ理由で明るい材料になる。

検察官は、次男と（被告人は長男）力を合わせて子どもたちの面倒を見ると言うが、だったらなんでこれまで協力してこなかったのかとジャブを放った。だが、被告人が頼んだのに断ったというならともかく、7年前に離婚して子どもを引き取った被告人は、自分の考えで子育てをしてきた。考えるべきは今後のことである。可愛い孫を祖母が面倒見ると言っているのだ。そこは信じようよ！

などと熱くなってる場合じゃなかった。余計な口出しをしてくれたおかげで、裁判員が5人の子どもの未来に関心を持ってくれれば願ったり叶ったりなのだ。「親が刑務所に入ったら、子どもたちはどうなってしまうのか。年老いた被告人の母に任せきれるものだろうか」。そんな疑問を抱くことで、長く閉じ込めることが絶対的に正しいわけではないことに気づいてくれるかもしれないではないか。むしろ、ありがとう検察官と言わねばならないのだ。

さて、勝負どころの証拠説明。弁護人サイド唯一の武器と言ってもいい、娘から父に宛てた手紙を公開するときがきた。

裁判員の心をつかめているか、それはわからない。でも、記憶喪失が嘘だと断定できるほど一方的な展開にはなっていないと思う。いずれにせよ、弁護人の有効カードはこれだけ。信じてぶつけるしかない。いけ、いくのだ村木弁護士！

保険関係の証明書、遺族への謝罪関連事項、被告人が書いた謝罪文2通(直近を朗読)。一貫した穏やかな口調が一瞬止まり、施設にいる子どもたちを弁護人が訪ねた経緯が説明されて、娘(長女)からの手紙が読み始められる。ちらっと見えたその手紙には、いかにも10歳児らしい字が書き連ねられていた。

「さいばんのみなさまへ」で始まる父を慕う娘らしい文面に、涙をこらえる被告人。裁判員も聞き入っている。ぼくも、わかっていた流れなのに胸が熱くなってきた。

どうしてだろう。被害者、婚約者、遺族。今回の事件で人生を狂わされた人はほかにもいる。その方たちはつらいだろうし、無念だろうし、被告人を憎む気持ちもわかる。自業自得とはいえ被告人の人生も大変なことになってしまった。高齢の母親もうなだれるばかりだ。

被害者を除く彼ら全員はこの法廷内にいる。裁判員の目に入っている。ところが被告人の子どもたちはここにいない。手紙だけが届けられた。まして10歳の児童である。事件の持つ重みさえよくわかっていない。そこには、普段からめったに会うことのできない父への、だけれども強烈な愛情に満ちた無垢な文章が記されている。それは、無条件の愛だ。親を求める子どもの本能みたいなものがむき出しになっている。

子どもたちが入っている施設は、高校を卒業するまでしかいることができない。10歳の長女は8年後にはその立場になってしまう。そうとわかっていて、頼るべき父親を長期間塀の中に閉じ込めておくことが、はたして正しいことなのか……。

▼求刑12年vs 7年。判決はいかに？

ぼくのように、わかっていても心をかき乱される。裁判員にしてみれば意表を突かれた感じではないか。子どもがいる人はもちろんだし、いない人にも子ども時代があった。多感な時期、親が不在のまま暮らすことの心細さは想像できる。狙ったことではないかもしれないが、施設で暮らしている事実もこの場合はドラマ性を盛り立て、被告人にではなく、子どもに同情心が湧く。

検察官は論告で、重視してほしいこととして、犯行の結果と再発防止、無謀運転の危険性を挙げ、懲役12年を求刑した。危険運転致死に加え、救護・報告義務違反を重くとらえた求刑である。

むぅ、12年ときたか。情状を差し引いても2ケタは譲らんぜ、と言っているようなものだ。

最終弁論。主任弁護士が立ち上がる。

「量刑は7年が相当と考えます」

予定どおり、方針はブレず。その後、村木弁護士が手紙を一部再読し、子どもを養育しなければならない父としての立場と、社会復帰する支援体制ができていることを念押しして最終弁論を終えた。

ところで、読者の中には、弁護人が量刑の希望を述べるのが一般的だと思う方がいるかもしれないが、それはちょっと違う。

裁判員裁判になって以降、弁護人が〝この程度の刑で〟と具体的な年数を口にすることが増えてきたのだ。裁判員が、検察官の求刑を「そんなものかな」と真に受けてしまうことを防ぐためだが、この7年にはそれ以上の意味がある。前述したように、高校卒業時に長女が施設を出されるからだ。それまで8年だから、それ以下の判決に持ち込みたい。できれば7年と希望を出し、そこまでは無理でも8年で収められないか。そう考えているのだ。

現在中学生の兄たちに触れないのは現実的じゃないからだろう。男だし、それぞれがんばるしかない。でも、せめて長女を救ってほしい。7年(または8年)ならそれができる……。

祖母や被告人の弟が協力すると言っても、現状、5人の子どもたちを引き取って育てるまでの力はないと考えるのが妥当。将来だって同じだろう。離婚した妻は子育てにノータッチのようだし、裁判にも来ていない。となると、長女は行くあてもなく社会に放り出される可能性がある。弁護人が7年にこだわるのは「それでいいんですか皆さん」という問いかけなのだ。

ぼくはこの裁判、遺族や婚約者の人生と、子どもたちの将来をどう考えるかで判決が決まると思った。両者を単純に比較するのは筋違いかもしれないけれど、どうしても、いまここにある悲しみと、やがて襲いかかってくるであろう悲しみとを比べてしまうのだ。

どちらが深刻かではなく、どうすれば両者の悲しみの総量が少しでも軽くなるのかを考える。事件を吟味し、法律に照らし合わせるだけならできたとしても、悲しみの質量をコンピューターは計ることができない。だから裁判は人間臭く、ぼくを惹きつける。

ただ、気になることがある。あっさりし過ぎていないか、ということだ。

この裁判で弁護人たちは一貫して感情を抑え、紳士的態度に徹してきた。被告人自身も潔く罪を認め、記憶の有無について意地の悪い質問をされたときも「自分にはわかりません」で通している。子どもの手紙に涙を見せたものの、取り乱すようなことは一度もなかった。

失策は見当たらない。すごくフェアーに戦ったと思う。ぼくもこういう戦い方が一番好きだ。ただ……。

なんだかんだいってもベタなことは強い。映画などでも、動物と子どもには勝てないというでしょう。無垢で純真な魂は感情に訴えかけるのだ。今回は子どもの手紙が弁護人サイドの武器で、ぼくもウルッときた。でも、実際に涙を流すほどではなかった。裁判員も身を乗り出してはいたけれど、目頭を拭う人はいなかったのだ。

被告人は取り返しのつかないことをした。本当に記憶がなかったとしても、人の命を奪い、フィアンセの幸福を奪い、遺族を悲しませた事実は変わらない。子どもの気持ちはわかるが、それは被告人の事情。両者を天秤にかけたとき、どう判断されるか。きっちり罪を償い、7年後に出所して全力で子育てするのがベストであると考えてもらえるか。情状のみで5年も減るのはレアケースだぞ。

「被告人を懲役8年に処する」

判決が出た。8年だ。検察官の求刑より4年短く、弁護人の希望より1年長い。

記憶の有無については玉虫色の判定。ひき逃げではないとしても、事故後に加速していることなどから救護の義務を果たさなかったわけだから、お咎めなしとはいかないという、よくわからない説明だ。

情状面では、遺族に謝罪の念を示していること、5人の子どもが帰りを待っていること、母親も出廷し、家族の存在が更生のプラスになるだろうこと、保険に加入していることが評価されたようだ。

事実上、ひき逃げとはいえず、情状面も満点に近い。目標に達せず、村木弁護士は悔しいだろうけど、安心もしただろう。

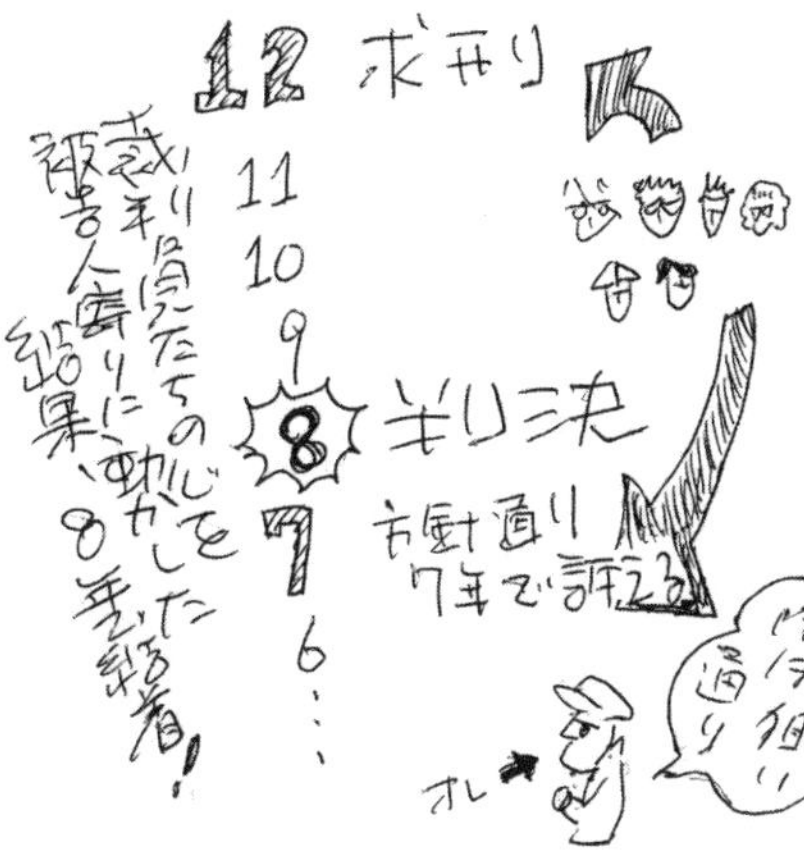

勝負するに足る、たったひとつの素材を提供してくれた子どもは、満期で出所したとき18歳になっている。でも、すでに身柄を取られて数ヵ月経過しているので、8年未満で出所できるとすると、出所時にはギリギリ高校生でいられる計算。少しズレても、施設を出て数ヵ月後には共に暮らせる。
ぼくはこれ、子どもの将来を案じた裁判官や裁判員の配慮に感じられて仕方ない。大学への進学が困難なら、子どもは施設で暮らしながら就職活動せざるをえない。親は服役中、住居は施設。この条件で採用される可能性はどれくらいあるか……。そうした思いが、裁判員たちの判断に影響を及ぼした可能性は大いにあると思う。

◉第2法廷

状況逆転の執行猶予判決なるか

■傷害致死事件■

▼執行猶予狙いを宣言

東京地裁725号法廷。弁護人冒頭陳述で席を立った村中貴之弁護士は、裁判員に向かって静かに口を開いた。

「今回の事件で、山口さん（仮名＝被告人）は事実を認めています。そこで、どれくらいの刑を科すべきなのか考えていただくにあたり、2つの点を考慮していただきたいと思います。1つ目は、これがどのような事件なのかということ。2つ目は、山口さんがどんな人で、事件をどう受け止めているのかです。私ども弁護人は、この2つの点から、山口さんに執行猶予を付けるのがふさわしいと考えています。そして、その理由について、これからの公判で明らかにしていきます」

詳細は後述するが、この裁判に目立った争点はない。弁護側と検察側が対立し、火花を散らして主張をぶつけあう要素はない。公判は、量刑をめぐっての駆け引きの場と言い換えてもいいくらいだ。

こういう場合、プロの裁判官が相手であれば、いかに淡々としていようと、最終弁論で執行猶予を主張すればよかった。だが、裁判員裁判は違う。目立つ争いもなく、全面的に犯行を認めていれば、圧倒的に検察官ペースで公判が進んでしまう。裁判員も検察官の証拠や意見を正しいものと思い込みながら、評議に向かって突き進む。

キビシい方向へ傾いたなかで、最後になって執行猶予付判決を求めても効果は期待できない。そう考える弁護人が多いのか、今回のように、いきなり〝執行猶予〟という言葉を持ち出すのが裁判員裁判における弁護法になりつつあるようだ。事実、このように切り出した効果か、村中弁護士の発言を受けて軽く頷く裁判員がいたりする。この裁判は、執行猶予を付けるか否かが考えるべきポイントだと理解したようだった。

作戦通りだ。事前に話を聞きに行ったとき、村中弁護士も、今回の主任を務める一瀬太一弁護士も、狙いは執行猶予付判決にあることを明言。どうやってそれを勝ち取るか、知恵を絞っているところだった。

もちろん、たやすい話ではない。故意ではないにせよ、相手を殴り、それがもとで死に至らしめているのだ（死因は硬膜下血腫）。しかし、悪質ではないとふたりは考えた。刑務所に入れなくても、被告人はこの社会の中で更生できるはずだし、そのための条件はある程度整っている。ならば、弁護人としての目標を執行猶予に置こう。ふたりの意見は一致した。

戦略は、裁判員の気持ちを考えると立てやすい。ものすごくカンタンに言えば、裁判員たちが被告人に同情し、本当はいい人なのだと考え、刑務所に入れなくてもやっていける環境が整っていると思わせられるかどうかがすべてである。

どうすれば裁判員の感情を揺さぶれるのか。裁判に縁のない人が、被告人が全面的に有罪を認めている事件で、あらかじめ執行猶予のことまで視野に入れて初公判に臨むことはないと考えていい。これを放置すればするほど挽回はムズカシくなる。だから、村中弁護士が先制攻撃として「被告人を刑務所に入れないで」と訴えることは、そういう選択肢があることを印象づける意味でも必須なのだ。この先、裁判員裁判時代の常套手段となっていくに違いない。

それを後押しする材料は、証人だという。今回の事件には現場に被告人と被害者以外にもうひとりいたのだが、その人（Aさん）が何を話すか、どういうポジションで証言するかによって、流れが変わると考えられる。弁護人はAさんに、2つの点で被告人に有利なことをしゃべらせたい。

ひとつは、被告人の暴力が〝殴って殺す〟イメージからはほど遠いものだったこと。振るった暴力は、結果から想像されるほど極端なものではなかったとの証言はぜひ欲しい。殺意なんてなかったし、そんなにひどい殴り方をしたわけでもないんだよ、と。

実際、被告人が逮捕され、国選弁護人として一瀬弁護士が接見したとき、被害者は存命中だったそうだ。それまでは傷害事件としての扱いだったのが、その後病院で息を引き取り、裁判員裁判の対象となる傷害致死事件となったのである。そのため、裁判員裁判未経験者だった一瀬弁護士が応援を依頼し、村中弁護士が急遽加わることになったわけだ。

もうひとつは、被告人を雇用していたAさんが、引き続き被告人の面倒を見てもいいと証言すること。仕事と住居のアテがあることは、再犯防止の意味合いで裁判所が重視する点。判決にも直結するから重要だ。

Aさんは検察側の証人として法廷に立つのだが、弁護人にとっても最重要人物なのである。

逆に言えば材料はそれだけ。暴力に訴えるに至る、やむにやまれぬ事情があったわけではないという。しかも相手はほとんど反撃していない。これはどうだろう。苦戦を強いられるかもしれない。4：6、いや3：7で実刑の確率高しというところ。

どこまで劣勢を挽回できるかだなあ。そのためには少しのミスもあってはならない。う〜ん、キツいミッションだ……。

すっかり前置きが長くなった。そろそろ法廷でのやりとりに話を戻そう。

▼ケンカのもとは……ツバ吐きでした！

まずは事件の内容なのだが、些細なことがきっかけで起きており、些細ゆえに弁護人は闘いにくくなっている。

知人の紹介でAさんに雇われ、リサイクル関係の仕事を手伝うようになった山口さんは、Aさん宅に住み込んで働いていた。Aさんは人に頼られるタイプなのか、そのうちにネパール人のラウタさん（仮名）が転がり込んできて一緒に生活を始める。ラウタさんはインド料理店などで働き、日本人女性と結婚、子どもをもうけたが、離婚して独り者。仕事を探していた。

雇い人Aさん、雇われ人山口さん、求職者ラウタさんの3人、そしてAさんの子ども3人（Aさんは離婚して子どもを引き取っている）という、奇妙な共同生活だ。

このなかでラウタさんだけがぶらぶらしていた。Aさんが料理店の仕事を世話しようとしても断ったり、リサイクルの仕事もやりたがらない。酒好きで、やる気があるのかないのかわからなかったというが、3人の関係は別に悪くなかった。山口さん自身、居候の身でもあり、ラウタさんどころじゃなかった。仕事を覚え、こなすことで手一杯だったというのが本音かもしれない。

ただ、言葉の問題から、コミュニケーションが円滑だったとはいえない。事件の数日前には、駐車場に停めたクルマをラウタさんに断らずに動かしたことが原因で絡まれた山口さんが、思わず手を出してしまう一幕もあった。このときはすぐに和解し、ことなきを得ている。

事件はどのように起きたのか。

夜、3人は山口さん宅で酒を飲んでいた。分量はビール7～8缶と焼酎のボトル1本。足がふらつく程度の酔いだった。翌日が休みのAさんがラウタさんに積極的につき合い、山口さんは仕事に備えて午前2時頃就寝している。ここまでは表立ったトラブルもない。

ケンカになったのは朝なのだ。

山口さんが起きてきて、インスタントコーヒーを飲む。気分はもう切り替わっている。が、あとの2人は徹夜で飲みっぱなし。とくにラウタさんはすっかり酔っぱらっていた。山口さんに気づくと、駐車場での一件を蒸し返してきたり、要するに酔っぱらい特有のネチネチした絡みっぷりだったようだ。山口さんは受け流していたというが、しつこいと思っただろうし、それまでに溜め込んだ小さな我慢が許容量の限界に達しつつあったのかもしれない。

でもまあ、ここは持ちこたえた。仕事がある。ぐずぐずしてはいられないのだ。ラウタさんがわけのわからない言葉(たぶんネパール語)で何か言い続けていたが無視することにした。

と、それに腹を立てたのか、ほかに理由があったのか、ラウタさんが部屋のカーペットにツバを吐いた。

山口さんにしてみれば、居候先の家を汚す失礼極まる暴挙だ。それまでにも掃除の仕方がずさんであるとか、雑巾で食器を拭いてしまうとか、常識はずれなことはたびたびあったが、外国人なのだからと根気強く注意してきた。しかし、ツバを吐くとは何だ。山口さんの堪忍袋の緒は、ここであっけなく切れてしまう。
ツバは特別なのかよ、と突っ込みたくなるが、小さな失礼、不快感が積み重なっての爆発だったのだろう。これまでの失敗とは違って、悪意をもって部屋を汚した、居候先に迷惑をかけた。だから許しがたい。そんな感情の流れにも思える。
タイミングがまた悪かった。食器を洗っていたAさんは流しに立っていてことの成り行きを見ていない。

山口さんを止めるのが一瞬遅れた。

激怒して鉄拳が出る。ビンタも張る。驚いたAさんが羽交い締めして止めようとするのを振り切って足も出た。全部で10発くらい殴った。そのうち何発かは側頭部に入っている。狙ったのではなく、2人とも中腰だったため、拳を下ろしやすかった側頭部を殴ってしまった。

ラウタさんは鼻血を出し、動かない。我に返った山口さんは鼻血を拭き取ったりしたが、そうたいしたことは思わなかったようだ。仕事に行かねばならない。

そのうち、ラウタさんが寝たようだったので、酔いつぶれたものと思い、引きずって移動させ、毛布をかけて外に出た。寝たと思ったことについてはAさんも同じ認識だったが、どんどんイビキがうるさくなってくる。不安を感じたAさんは山口さんに電話するが、しばらく様子を見ることにして電話を切ったという。

異常なほどイビキをかき、再び電話したのは昼頃。山口さんも心配になって帰宅し、救急車を呼んだ。救急隊員には、自分が殴ったことを隠さずに話している。

以上、起きたことを淡々と書いてみたつもりだが、ぼくとしてはどこか、山口さんの凶暴性を感じずにはいられない。暴力的な人間と言いたいのではない。被告人席の山口さんは、ガタイこそいいものの、優しそうな目をした男だ。

でも、やったことがなあ……。そのため、いまひとつ弁護人チームの一員になりきれないというか、執行猶予判決を本気で願えないところがある。ぼくは山口さんが本当はいい人と言い切る自信がないのだ。

弁護人はディベート上手であればいいのか。そうではないだろう。ディベートは弁論の技術を競うスポーツみたいなものだが、裁判には人の人生がかかっている。被告人について考えようとすれば被害者について考えざるをえない。その被害者はもうこの世にいないのに、執行猶予を求めるなんて調子が良過ぎるのでは？　青臭いとわかっていても、どうしてもそんな気分が拭えない。

そういうものではないのだけどね。弁護人が被告人を疑っていたら、代理人にはなれない。被告人の権利を守る人がいなくなる。そうなったら、もう裁判が成立しなくなるだろう。

よし、多少強引にでも、加減がわからなかっただけだと考えることにしよう。

側頭部を強打すればどれだけ危険か、ケンカ慣れした人間なら知っているもの。殴るにしても頭部は避けるのが常道だ。一眠りして酔いも醒めた段階なら、酒の勢いでもない。

この事件は、ケンカ慣れしていない山口さんが、カッとして見境なく頭部を殴ったために起きた事件。自分がしたことの危険さを理解してないがゆえ、たいしたことないと思い込み、病院への連絡が遅れてしまったのではないか。ぼくなりにそう推測してみた。

これなら悪意はなく、残虐性もない。同情すべき点もあまりないように思えるのはきっと気のせいだ。さあ弁護人、劣勢挽回といこうじゃないか！

▼証人尋問に賭ける！

証人は弁護側が被告人の母と妹、検察側がAさん。事件の内容に大きな争いはないことから、両者、ここが腕の見せどころである。

勝手に弁護人チームに加わったつもりで考えると、この局面は検察側証人Aさんの証言がどちらに有利に働くかの分捕り合戦だ。ざっくりした事件の流れだけを聞くと、裁判員は全員「執行猶予はないね」と考えていてもおかしくない。つまり圧倒的に不利。正直なところ、どう挽回していけばいいのか見当がつかない。頼むぞ弁護人。プロのやり方を見せてくれ。

結論から言えば、弁護人はぬかりなく証言を引き出し、ベストの展開に持っていったと思う。

まず、母と妹の証言。母からは被告人の優しさと素朴な人柄を、妹からは真面目さや反省の深さを（逮捕後、手紙のやりとりが15回ほどある）、具体的な言葉として裁判員たちに伝えた。17歳のとき父を亡くし、旅館業を営む母に多額の借金が残ったこと。再婚相手が現れたときも理解を示し、嫌がる妹を説得したこと。手は尽くしたが旅館が廃業に追い込まれて現在3500万円の借金があり、山口さんの力を必要としているであろうと思わせることなどだ。

妹の証言からは、家族の絆の強さも感じられた。

「手紙のやりとりで、兄さんはひとりじゃないよと伝えています。（家族の信頼関係は）いままでと変わりありません。（人を殺めた）事実は事実なので、みんなで償っていけるようにしたいです」（要旨）

検察官は、仕事を転々としてきたことを、トラブルメーカー的な性質があるのではという視点でとらえようとするが、説得力はあまりなかった。裁判員は、素朴で優しい三十男がつい暴力を振るって人を死亡させた印象を強めたのではないだろうか。

次に、勝負の分かれめとなるAさんの尋問。これも検察側より弁護側にプラスだったと思われる。

まず、検察官が細かい質問を重ねても、山口さんが調書でしゃべったこととほとんどズレがないのがよかった。Aさんが正直に取調べに応じていたことがはっきりしたのだ。「すぐ救急車を呼んでいれば助かったと思う」との証言も、Aさんもその場にいて、とりあえず呼ぶ必要なしと判断しているために、検察官が声を荒げて非難しにくい。むしろ全体的には、山口さんの反省ぶりと、事件を起こした山口さんを責めるどころか今後も受け入れようとするAさんの好意的な態度が目立った。締めの言葉もいい。

「山口がやったことは悪いことだと思うのですが、できるだけ山口に……寛大な刑にしていただいて、早く社会復帰できるよう考えていただければと思います」

弁護人は、被告人の性格から聞き始めた。

「温厚でマジメ、几帳面な性格だと思います。仕事は一所懸命やりますね。家事全般も手伝ってくれますし、子どもの世話も。うちの子どもはずいぶんなついていました。暴力？　いえ、暴力的な男ではないと思います」（要旨）

一方、ラウタさんについては、友人に頼まれて世話を引き受けたものの、すぐに仕事を探さなくなり、手を焼き気味だったことが語られる。

運送会社を紹介しても面接日に行かない。牛丼屋では漢字が読めなくて採用不可だった。身勝手なところがあり、居候でありながら気に入らないものは食べない。グラスを敷物やぞうきんで拭き、几帳面な山口さんが注意すると「わかった、わかった」とバカにするような対応をしていた。酒癖が悪く、飲むと泣き上戸になり、喜怒哀楽が激しくなるのが常だった——。

ケンカの後で山口さんが仕事に出かけてから、Aさんはしばらく寝ていた。ラウタさんの様子がおかしいと感じたのは起きてから。ここでようやく、もしかしたらケンカが原因かと疑い山口さんに電話するが、「酔っぱらって寝てるんじゃないですか」と言われ、放置。この時点では、山口さんには命に関わるようなケガを負わせた意識がなく、Aさんもそう考えていたのだ。イビキがひどくて2度目に電話したとき、やっと異変を意識している。

せめて最初の電話で119番していれば。誰しもそう思うところだったが、弁護人はその気持ちを代弁せず、先へ進む。いや、ここはAさんに気をつかわず、一般常識的な意見を挟んでおこうよ。殴られて倒れた人の体調を心配しなかったのか、とかでもいい。でないと、裁判員はAさんのことを、〝山口さんと同レベルの鈍い人〟と思ったまま、この先の証言を聞くことになってしまう。

「119番したのは山口本人でした。（同居者が）イビキをかいて寝ている、ケンカをして殴ってしまった、と説明していました」

殴った理由についてAさんは、たびたび注意していたのに守らず、ツバまで吐き、一緒に住んでいる自分に申し訳ないと思ったのではと発言。

「山口の行動は悪いと思うんですが、自分には（彼の怒りが）理解できます。（ふたりを仲良くさせられなかった）自分の努力も足りませんでした。ふたりとも、かわいそうだと思います」（要旨）

コツコツと質問を重ね、すぐそばにいた唯一の証人から、好意的、同情的な答えを引き出す。Aさん自身に、深い反省と後悔があるからできることだ。弁護人が裁判員の皆さんに言っておきたいことは？　と水を向けると、Aさんは次のような言葉で締めくくった。

「今回、山口がやったことは悪いことだと思うんですが、できるだけ山口を寛大な刑にしていただいて、早く社会復帰できるように考えていただければと思います。私もいろいろ考えまして、二度と同じようなことはしないように、ラウタに対してもかわいそうなことをしましたので……。山口とがんばりますので、さっきも申しましたけれど、寛大な刑をお願いします」

入念に打ち合わせしていたかのように好都合な展開に、ぼくまでシメシメとほくそ笑む。検察側の証人だし、そんなはずはないんだけど、村中弁護士たちが被告人の人となりを信じてAさんを説得したかのように思える。

いや、そうじゃないか。プロであれば、被告人が善人だろうと悪党だろうと、しでかしたことを冷静に考えて目標を定めるだろう。いいぞ弁護人。狙いは当たった！

一方、この局地戦においては検察側に冴えがなかった。被害者が外国人であることや、ラウタさんの遺族や離婚した元妻が強く責める姿勢を示さなかったことも関係していると思われ、一縷の望みが出てきた。ただなあ、こちらは早めに切り札を出しちゃった状態。検察側、余裕しゃくしゃくのようにも見える。ぼくがこれまでに見てきた裁判でも、こういうケースで執行猶予に持ち込んだ例は記憶にないから、判例的にも自信満々なのだろう。執行猶予だって？　何言ってるんだよ、こっちがミスでもしでかさないかぎり実刑は決定的。そんな構え。

とりあえず踏ん張った。あとは守備。被告人質問での完璧なディフェンス力が要求される。一歩でも押し込まれたら執行猶予の目はない。

被告人質問に立ったのは主任の一瀬弁護士。まず被害者に対する反省の弁を語らせ、父を亡くしてからの日々を思い出させてゆく手法である。その間に、後に突っ込まれそうなこと――入れ墨をしている、職種をいくつも変わっている、離婚歴があるなど――を先手を打って盛り込む。

ここも賭けだが、山口さんの朴訥な受け答えもあり、これまでの印象が急変することはなかった。「いまでも、なんで手を出してしまったんだろうと考えています」は、実感のこもった反省の言葉だ。多くの被告人を見てきたぼくの目にも、わざとらしくは映らなかった。

いや、フツー過ぎたのかもしれない。もっと感情的になり、泣いて声を詰まらせるくらいになってようやく、人の心は反応するのかもしれない。弁護側に誤算があったとすれば、生まれて初めて被告人というものになった山口さんが、思いのほか落ちついていたことだ。

▼もう少し無口でいれば……

検察官の細かい質問が始まる。おそらく山口さんは嘘をついていないので、しっかり答えることができる。公判に備え、記憶の整理もしてきており、法廷でうろたえることは少ない。

ここまではいい。が、山口さん、よくしゃべるのだ。「はい」「いいえ」で答えれば済むところを、なんだかんだしゃべってしまう。

聞いているうちに、これはちょっとマズいような気がしてきた。検察官は「おまえは嘘をついている」と責め立てているのではないのに、いろいろ説明しようとするから、言い訳がましく聞こえるのである。

しゃべらなくていい。黙ってうつむいていてくれ。そんな弁護人たちの声が聞こえるような被告人質問だった。似たような弁を繰り返すので、ほら、裁判長までイライラし始めちゃったよ。

10発も殴る、蹴るなど、暴力に縁のない人間にできるか？　しかも側頭部を狙ったかのような的確な攻

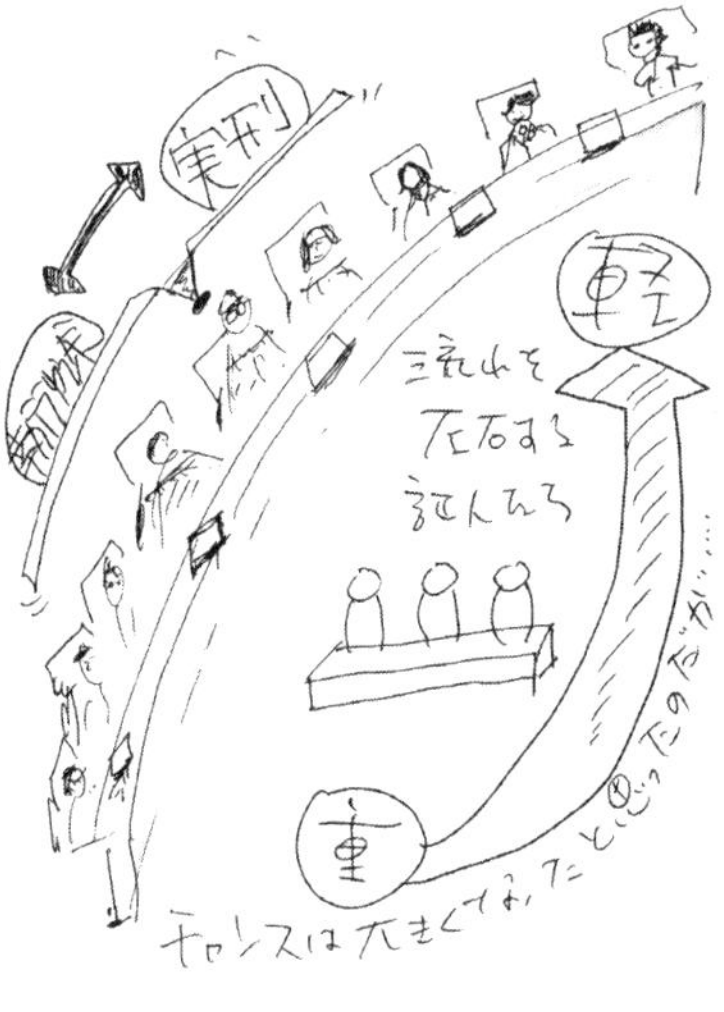

撃が可能か？　という検察官の問いかけに同意しそうな自分がいる。この男、本来は短期で暴力的な人間ではないのか……。

なぜか。想像することができるからだ。もし自分が似たシチュエーションに立たされたら、同じことができるだろうか。つい、そう考えてしまうのである。

酔っぱらった相手が、床にツバを吐いたのを見てカチンとくる。ここで、つい手が出たとしよう。でも、自分は酔っていないのだ。10発も殴る蹴るの暴力が振るえるだろうか。山口さんは「悪いことは悪いと教えなければと思った」そうだが、自分なら2発目が出るかどうかも怪しい。裁判員の多くも、そう考えるだろう。

これは、打ちどころ云々とはまったく別の話。執行猶予を付けるとき、最低限考えるのは、また暴力事件を起こしそうか、そうではないかだ。

今回の事件は、たまたま殴ったら倒れ、頭の打ちどころが悪くて死に至ったものではない。側頭部に強いパンチや蹴りを複数回浴びせられているのだ。本気で何度も殴ったと解釈されても仕方がない。死因は急性硬膜下血腫。左側頭部を殴ったときに生じたと考えられている。

どんな理由であれ、暴力が原因で人の命を奪ったのだ。いくら細かく状況を語ろうと、込み入った事情を説明しようと、事実は揺るがない。聞いたところで、裁判員はその場面をリアルに思い浮かべることができない。インプットされるのは、マンションの中で人が死ぬほどの暴力が振るわれたこと。イメージは陰惨そのものだろう。

こういう場面では、検察官の挑発に乗らず短く答え、よほどのことでなければ自ら説明しないのが鉄則だと思うが、悪い印象を振りまいてしまった。

まずい。だが、どうしようもない。ここで器用に泣いてみせたり、のらりくらりはぐらかしたりできるなら、最初からこんな事件起こさないだろうしなぁ。

誰だって量刑は軽いほうがいい。執行猶予の可能性があるのなら刑務所に入りたくはない。それは、反省とは別のところにある人間くさい反応だ。

山口さんは悔いている。どうして殴ってしまったのか。ラウタさんにも遺族にも済まなかったと思っている。同時に、わが身の不運を呪う気持ちもある。そこのところがどうしてもニジミ出てしまう。検察側は、ただ質問を浴びせるだけでよかった。

求刑も絶妙の線。6年である。しかも責めない。殺意もなく反省もしている。119番に電話したのも山口さんだ。でも、それはそれとして人を殺めた事実は重いでしょう。ケンカといっても、被告人は終始、被害者を圧倒していました。たまたま当たったパンチじゃない。これくらいの実刑が妥当じゃないですか?

トホホ。Aさんの証言で喜んだのもつかの間、形勢逆転だ。殴ったのが1、2発ならともかく、10

発はあまりに多い。反省をうまく伝えられなかった面もある。

このままでは執行猶予の目はない。素人のぼくでもそう思うくらいだから、弁護人はもっと切実に不利を感じているはずである。

残されたのは最終弁論のみ。いまさら新材料はないなか、どこまで挽回できるのか。


「山口さんはラウタさんを殴ったことなどを認めています。そして、深く反省しています。量刑について、弁護人は執行猶予が適当だと考えています」

弁護人は、事件を4つのパートに分けて説得していく。①原因、②暴行、③事件後の対応、④遺族、である。

このうち、②について「立て膝をついての暴力なので、執拗とはいえ大半は死亡要因と直結しない」と弁明。③は119番を自分でしており、自首が成立(しているようなもの)との考えを示した。④に関しては、謝罪文を書いていること、ラウタさんの元妻から「私たちとしてはこれで充分です」との言葉を得ていることを説明した。そして、Aさんには今後も山口さんを受け入れる気持ちがあり、本人も反省していることから、再犯の可能性がないのは明らかだとまとめる。

ここからは過去の判例に話が変わった。

1991(平成3)年から2008(平成20)年にかけて、今回と比較的似たケースの傷害致死事件が27件あったが、そのうち6件に執行猶予がついている。理由としては、①示談が成立している、②ふつうなら死亡するようなことではなかったが運悪く死なせてしまった、が主で、今回とは違う。でも、山口さんは働けるようになったら少しずつでも被害弁償をしていこうと考えている。

「もう一度考えていただきたいのです。山口さんは現在33歳です。人生をやり直すのに充分な年齢だといえます。家族や友人の支援も期待できます。逮捕後、すでに半年以上経過し、その間、山口さんは社会と分断されてきました。このような山口さんをただちに刑務所に送ることが、はたして必要でしょうか？」

疑問を投げかけて終えた最終弁論。明日以降、評議に入る裁判員たちが、もう一度この事件を考え直すきっかけになればいいが、どうだろう。

手は尽くしたと思う。弁論において大きなミスもなかった。だが、審理を終えて、ぼくには「いける」との感触がない。最後まで、裁判員たちの表情が変化するシーンを見ることができなかったからだ。終始無表情と言えばいいだろうか。いま心が動いたと思える瞬間がなかったんだよなあ。

ぼく自身、チームに溶け込もうとしてみたけれど、気持ちがぐらぐらしてしょうがない。まったくもって傍聴弁護人失格だが、自分に嘘はつけないもんなあ。

有罪が確定しているこの事件で、裁判員の頭を占めているのは「量刑をどのくらいにするか」である。人が死んでいるのに執行猶予を付けるには、それに値する条件が必要。弁護人が最後に例として挙げたように、示談が成立していたり、「それで死んでしまうなんて」と思えるような死因がないと、踏み切るのは困難だろう。

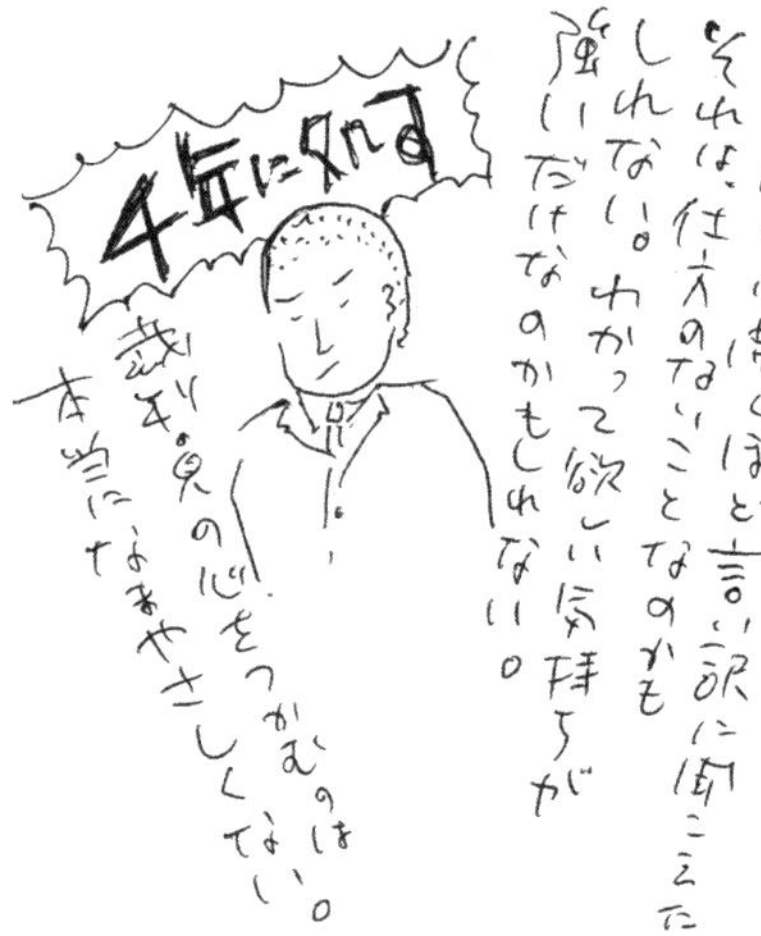
口を開けば聞くほど言い訳に聞こえた。
それは仕方のないことなのかもしれない。わかって欲しい気持ちが強いだけなのかもしれない。

再犯が怖いわけではない。山口さんがまた暴力沙汰を起こすとはぼくには思えない。被害者の無念と執行猶予のつり合いを考えてしまうのだ。

一般の人にとって、執行猶予付判決は、無罪に毛が生えたような感覚なのだ。細かい縛りこそあれ、自由の身だもの、当然である。それを決断させるには、〝この人を自由の身にしてあげたい〟と思ってもらうよう、裁判員の気持ちを動かさねばならない。自分だって山口さんと同じ状況に置かれたら、何発も手を出しかねない。そう思えて、人ははじめてリアルに執行猶予を考えることができるのではないだろうか。

今回、そこまでやれたかと問われたら、ぼくの印象はノー。Aさんの証言で得たポイントを山口さんの言い訳（本人にはその気がないとしても）で失ったことが大きかった。

求刑6年についてはどうか。情状の余地はどれくらいあるだろう。執行猶予が付かず、実刑判決となれば、3年以下は考えにくい。刑期は短いけれど、執行猶予は付けないよ、という理由が見当たらなくなってしまう。となると4年か5年というところか。

裁判員たちが下した結論は、懲役4年（執行猶予なし）だった。求刑に対し、3割強の減。まずまず相場通りというところだ。

裁判員裁判が実施されて以降、傷害致死の量刑が重くなる傾向にあることを考えたら健闘した部類だ。被告人の反省ぶりや、被害者遺族の感情など、弁護人が主張した事情が認められた手応えもあるにはある。

もちろん、本気で執行猶予をとるつもりだった村中・一瀬両弁護士にとっては敗北感の残る結末だったろう。でも、ぼくが裁判員だったとしても、迷った挙げ句、執行猶予は付けなかっただろうなあ。

プロの裁判官は事件そのものを凝視するが、裁判員は法廷内で起きたこと、そこでの自分の感覚も頼りにする。とりわけ被告人の言い訳には敏感だ。

誰だって言い訳くらいは日常的にしてしまうし、その部分に限ってなら、わが身に重ね合わせることができるのだから。

無罪に向かって弁護せよ！

■現住建造物放火事件■

▼「おぼえていません」

夏休みの影響もあるのか、東京地裁は混み合っていた。知り合いの傍聴マニアから、今日はほかにめぼしい裁判がないから傍聴人が集中する、早く行って並んだほうがいいとアドバイスされ、法廷へ急ぐ。

まずい。すでに長い列ができている。開廷20分前なら間に合うと踏んでいたのだが甘かったか。

放火事件はありふれたものじゃない。新聞紙上を賑わせたほどの事件ではないが、ジャンルが人を呼ぶのだ。ましてや被告人が女性であれば野次馬根性をそそるには十分である。案の定、ぼくの数名前で定員に達し「満席です」と言われてしまった。

こんなときは待てばいい。放火であることを除けば、派手な事件ではない。読みどおり、開廷5分足らずで何名か退室してきた。入れ替わりに入室し、空席に滑り込む。30代半ばの被告人Kが、裁判長に向かって「（火をつけた事実を）おぼえていません」と発言したところだった。

弁護人席を見やると、亀井真紀・田畠宏一両弁護人（主任は田畠弁護士）が緊張した面持ちで座っている。対する検察官も2名。裁判員は6名中男4名、女2名の構成だ。

今回の事件はいままでと違い、弁護側が無罪を主張している。被告人に事件時の記憶がない。密室での出来事で、失火の可能性も否定できず、だとすれば放火罪は成立しない。仮に火をつけていたとしても、責任能力は争わないが、精神障害をはじめとする情状事実があるので、執行猶予を付けるのが妥当と主張している。

検察官と真っ向から争う構え。となると、無罪を勝ち取るためには相応の戦略が必要になってくるわけだが、この裁判において要となるのは1点だろう。被告人が言う「おぼえていません」を、裁判官や裁判員に信じてもらえるかどうかである。

う～ん、難儀そうだぞ。

やった、やらないと対立することでも、証拠だけをもとに考えていくなら対応のしようがある。しかし、この事件で鍵を握るのは精神鑑定。犯行時の心の状態がどうだったか、正常と言えたのか、それとも責任能力なしなのか、などをジャッジすることが目的だが、たいていはモメるのだ。

これまで、精神鑑定が入る事件はいくつも見てきたけれど、結果についてスッキリと納得できたことは皆無。それどころか、弁護側が依頼した鑑定医の見立てに検察官がクレームをつけ、鑑定のやり直しが認められて一時中断。数ヵ月後に再開されたときには、新しい鑑定医によって180度違う意見が述べられるという、何が何だかわからない展開になったことも複数回あった。

これはつまり、最初の見立ては間違っていたと裁判所が認めたということだ。精神鑑定の結果は数値化されず鑑定医の判断に委ねられる。専門医ではあるが、あくまで個人的意見。そんなもの、素直に信じろなんて無理があると思う。

が、おそらく勝負はそこなのだ。証人が出廷したりもするだろうが、あくまでそれは、鑑定医の見立てが被告人に有利だったときは鑑定結果を強化する役割を果たし、不利だった場合にはマイナスを最小限に抑える効果。決定打とはならない。


過去2法廷では事前に弁護人と会い、裁判に向けての戦略を聞いたうえで傍聴してきたが、今回からはなるべく、予備知識なしで傍聴していこうと思う。弁護人チームの一員としてそれでいいのか、との意見もあろうかと思われるが（ないか）、裁判の戦略はいわば極秘事項。事前に他者に言いにくいことも多い。傍聴弁護人は、法廷の片隅から成り行きを凝視し、念を送るだけ……役に立たないよ！

裁判では、全面的に罪を認めるか、やったことは認めつつも部分的に否認する被告人が圧倒的に多い。しかし、今回は被告人が無罪を主張している。

有罪か無罪かをめぐり、検察官と弁護人が丁々発止。無罪判決ゲットは弁護人の勲章、となれば張り切らざるをえない。

が、ぼくは気が重かった。日本では勝てる見込みのある事件しか起訴されず、有罪率が99・9％といわれるからではない。無罪を主張する根拠が、「やってない」ではなく「この人は精神的な病気です」だからである。

▼キビシい戦いになりそうだ

裁判長が開廷を告げ、検察官の冒頭陳述が始まる。ぼくはペンを握り、メモをとることに集中していった。この事件、裁判員裁判導入以前だったら、無罪の可能性はほとんどないばかりか、検察官の主張にスズメの涙ほどの情状を認めて「はい、有罪」となった確率が高いと思う。裁判員が加わることで変わった部分を肌で感じるのにもちょうどいい機会になる。

検察官の見解によれば、事件の概略は次のようなものだ。

被告人は別居中である内縁の夫Bさん(被害者でもある)が浮気していることを知り、Bさんが住むマンションに泊まるようになっていたが、まだ浮気が続いていると疑惑を抱き、携帯電話を無断で持ち出してチェック。腹を立てたBさんは別れようと言い出し、玄関の暗証番号を変更して入れないようにした。

被告人は業者に連絡してそれを解除。犯行当日深夜、マンションでBさんを待っているとき、タバコの匂いが嫌いなBさんに嫌がらせするつもりで寝室にて喫煙。さらに放火を思いつき、枕カバーに火をつけて部屋を出た。

結果、火災報知器が鳴り、0・69平方メートルを焼損——。消火活動には11台の消防車が出動し、消火に要した放水は約1トン。マンション住民は深夜に避難させられた。

マンションの防犯ビデオに出入りする姿が残り、被告人の自白もあることから、検察官は失火の可能性なしと判断。精神科医に通っていたことは認めつつも、放火は本人の意思に基づくものだと主張した。

「15分ほどお時間をください」

田畠弁護士が裁判官・裁判員にお願いする形でスタートした弁護側の冒頭陳述。ボードに書かれた事件までの経緯を時系列で説明していく。概略だけを聞けば単純な事件に思えるかもしれないが、ここに至るまでには流れがある。裁判員たちに、頭を整理して審理に臨んでもらう目的だろう。大急ぎでざっとメモってみたのでご覧いただきたい。

1975年　東京生まれ
1993〜1994年　結婚（高校中退）、長女出産、離婚
1994〜1996年　外交員、ウエイトレス、キャバクラ
1996〜1997年　託児所を経営開始
1998〜2001年　Bさんと出会う、3人を出産（入籍せず）
2001年　体調悪化、託児所を閉じる
2002年　自己破産、生活保護受給
以後　感情不安定になり精神科に通院（9年間）

弁護人が語る、事件までのストーリーは以下のとおりだ。

被告人には離婚歴があり、１９９４（平成6）年頃から外交員やウエイトレス、キャバクラなどの仕事を転々としながら長女を育てていた。Bさんとはキャバクラ時代に知り合い一緒に暮らすように。籍は入れてもらえなかったが、ふたりの間には3人の子どもがいて、被告人は計4人の子どもと暮らしている。

仕事面では、Bさんと暮らすようになってから私設の託児所を経営。迎えが深夜であっても預かってもらえるところが受けて、一時はスタッフを雇うまでになったが、託児所の数が増えたことや、自らの体調悪化のため閉所。２００２（平成14）年に自己破産し、それ以後は生活保護を受けて生活してきた。精神科への通院は9年間に及び、過去には手首を切ったり、薬を大量に飲んだこともある。

4人の子どもを育てながら、ほぼ24時間態勢で託児所を運営するなど、被告人は精一杯努力して生きてきた人間だ。イライラや無力感といった不安定な精神状態に悩まされ、事業も失敗に終わり、気持ちは長期間落ち込んでいる状態だった。

そんなとき、Bさんの浮気を知った被告人の心がかき乱されないはずはない。だから嫌がらせに寝室でタバコを吸った。

1本目に火をつけたことはおぼえている。2本目の火もつけたがその後は不明。次の記憶は自宅アパート、子どもの横で目覚めたときだ。放火した自覚は当然ない。

記憶を失う。しかも自分に都合の悪いところだけスッポリ失う。不思議な現象だが、こうしたことは実際あり、〝解離性健忘〟と呼ばれている——。

う〜む。あるかもしれない。でも、今回がそうかどうかはわからない。裁判員たちも、いきなりそう言われても、と戸惑い顔である。

ポイントはやっぱりここだ。被告人は〝解離性健忘〟なのか。これが第1のハードル。そうだったとしても、火をつけたことが事実であるなら、その瞬間には放火の意思があったんじゃないか。これが第2のハードル。両方をクリアしてはじめて、裁く側の気持ちは無罪へと傾くだろう。

しかしこれ、両方ともムズカシいよ。放火する気満々だったとなれば重罪である。本人の記憶がないとしても、検察官がそれを証明してみせれば裁判員の判断は有罪に大きく傾く。このとき、〝放火だとしても精神的におかしな状態だった〟が説得力を持ちうるためには、第2の壁ともなる精神鑑定結果が被告人寄りで、なおかつ鑑定人の証言が裁判員の心を動かすほど信頼性の高いものでなければならない。

キビシい戦いになることが予想された。なぜなら現時点で、ぼくの気持ちはピクリとも被告人側に傾いていないからだ。それどころか、最悪は嘘まであると疑っている。精神科に通っていたのは事実だが、それを利用し、被告人は嘘を貫くことに決めたのではないか。おぼえてないで済めば誰も苦労はしないんだよ。そんな気持ちがどこかにある。

嘘に騙されないように気を引き締めなければ。たぶん、裁判員たちは警戒心MAXだ。

気軽な傍聴人気分が抜けてない自分を叱り飛ばしたい心境だ。傍聴弁護人がこんなことでどうする。プロだけで行われる裁判でも、精神鑑定が入ると混迷しがちなのだが、裁判員裁判ではそれがさらに深まると予想される。でも、だからこそ燃えなきゃいかん。被告人は解離性健忘という病気。放火か失火かが争点になるが、本人にはわからないのだから、放火とは言い切れない。この論理を、ぜひとも裁判員にわかってもらわねば。被告を疑っている場合ではないのだ。

▼内縁の夫、救世主となる!?

検察官にとっては、裁判員に放火だと考えてもらえばラクな展開になる。そのため、2日目の審理では写真を駆使して火災現場の状況を伝え、マンションの防犯カメラの画像解析で当日の被告人の慌ただしい出入りの様子を映し出した。部屋にあったものと同じか材質が似たものを集めて燃焼実験も行い、担当捜査官を証人に呼んで話もさせる。そして、置きタバコでは火事にはならないことを証明していく。

タバコの消し忘れでないとしたら、なぜ火事になったのか。部屋に出入りしたのは被告人と幼い娘だけである。ほかに火の気もなかった。消去法で考えて、被告人が火をつけたと考えるのが妥当だと畳みかける。

弁護側は、火災当日の気温や湿度に合わせた実験ではなかったことを証人に述べさせたが、迫力不足は否めない。裁判員からの質問で、ベッドフレーム、マット、掛け布団は同じものであり、カーテンはBさん宅の別室にあったもので実験したことが確認された。

常識的に考えて、タバコのせいで出火したのではなく、被告人が原因をつくったと考えるべきだろう。わざとそうしたなら、それは放火だ。寝室で、わざとではなくライターで火をつけるなんて考えにくい。検察官ペースだなあ。

この日の注目は、Bさんの証人尋問。ここで被告人が罵倒され、放火したに違いないと決めつけられたら、裁判員の心証は著しく悪くなって万事窮すに近い。無罪どころかほぼ有罪確定。Bさんが被告人を庇う証言をしても大きなプラスにはならないだろうが、失点だけは防げないか。

救いだったのは、Bさんが冷静で、へたな庇いだてをしても、感情的な証言もしなかったことだ。被告人を避けるため3時半頃戻ったら消防車がいて、もしかしたらウチではと胸騒ぎがした。前夜、電話で「メチャクチャにしてやる」と言われていたので「(Kが)火をつけたのかなと思いました」など、淡々と語っていく。

一見、放火したのは彼女で間違いないと語っているようにも見えるが、ぼくとしてはむしろ、被告人が日頃からかなりエキセントリックな言動を繰り返していたことの証明みたいに思えた。

弁護人も、ふたりの出会いから交際、託児所を立ち上げて以降の被告人の頑張りを細かく聞き出す。どうして別居中なのかという質問に、別れたら何をしでかすかわからないとのニュアンスで答えを引き出したのはうまかった。

傍聴していて思うのだが、精神を病んだ経験のない人間には、そうでない人の意見が響くのだ。このケースではBさんの意見が一般人の感覚を代弁している。そのBさんが、別居中とはいえ長年一緒にいる女性に一種の恐怖感を抱いていた。それくらい、被告人の精神は病んでいたと思える。

睡眠薬を大量に飲んで病院まで連れて行ったことが何度かある。時には高いところから飛び降りる素振りも見せた。ケンカすると刃物を取り出すことがあった。弁護人のリードで、いい証言が連続。いいぞ。

具体的な証言も大事だが、それよりもリアリティがあるのはBさんの感覚だ。不安定な症状が長く続いて嫌気がさし、浮気もしていたのに、被告人を自由にマンションへ入れるようにしていたのはなぜか。もちろん子どものこともあるだろうが、そうしないと被告人が何をしでかすかわからないからではないのか。

裁判員からも積極的かつ的確な質問が出た。なぜ入籍しなかったのか。なぜ別居したのか。心を病んだ原因はなんだと思うか。みんな、ぼくの知りたいことである。そうか、心の病はいまや、そんなに特別なことではないのだ。うつ病をはじめとする精神疾患で苦しむ人のひとりやふたり、身近なところにいたりするもんなあ。

追い風だ。裁判員にやる気と、善悪だけで物事をとらえないクレバーさがある。単純に、「結局はアンタが火をつけたんでしょ」とはならないかもしれない。

検察官にとっても弁護人にとってもBさんは重要な証人だが、彼の気持ちが被告人への憎悪ではなく、許す方向へ向かっていることで、流れは弁護側に傾いている。ちなみに、Bさんは以後、連日傍聴席に来て、最後まで心配そうに被告人を見つめていたが、その効果も見逃せないはずだ。

ぼくもようやく、根強く残っていた疑いの気持ちを払拭することができた。少なくとも、被告人が重度の精神障害を抱えていることは信じられる。たとえ放火の意思はあったとしても……。

こんな自分と比べると、無罪を勝ち取るために戦う弁護人は〝鉄の意志〟の持ち主にも思えるが、はたしてそうだろうか。弁護人とて人の子。迷いもあれば悩みもするのでは。頼まれたら何でもはいはいと引き受け、役者さながらに代理人に徹する弁護士に、人間的な魅力があるか。自分が被告人だったら、信用できないと感じてしまいそうだ。

接見だけでなく、弁護士は裁判という戦いの舞台に上がる前に、膨大な準備をする。書類だけでもすごい量。コピー代がかさんでたまらないそうだ。それらを読み込み、新たな資料を作成、接見や証人への証言依頼なども行い、文字通り代理人として活動するのだ。裁判はそうした一連の活動を経た最終段階。当初はあったかもしれない迷いや悩みは消え、揺るぎなさが際立つ。プロとはそういうものなんだろう。

▼精神鑑定という難問

亀井弁護士による被告人質問は、被告人の半生を振り返りつつ、母としての側面、託児所ビジネスを立ち上げた経営者の側面、病院通いのつらさと経緯、Bさんへの思いへと進んだ。被告人はどこか他人事みたいな口調で質問に答えていく。

「だんだん（Bさんの）単独行動が増え、電話も少なくなり、彼が何をしているのかわからなくなってきた」

「不安感、見捨てられ感がすごくあった」

「（携帯に）何人もの女とのやりとりが残っていたので、うちのダンナにちょっかい出すなとメールしました」

「別れると言われたときには、15年も一緒にいるのに別れてたまるかとの思いでした」

いずれも核心に触れる内容ではない。放火についてはあくまでおぼえていないと繰り返す。

「（持ち帰ってきていた）ダンナの新しい携帯に警備会社から『火事です』と連絡がありました。火事なんだ……というのしか思っていなかったです」

断片的な証言ではあるけれど、すごく不安定な感じで進む弁明ともつかない弁明を聞いているうちに、ぼくはひとりの女性として被告人のことを考えられるようになった。その意味で、被告人質問は精神鑑定結果へ移る前に必須のワンクッションだった。法廷で話しているうちに気分が悪くなって薬を飲んだりする様子は、演技とは思えない。ライターで火をつけたとは思っていないと繰り返すのも、むしろ被告人らしい正直な発言に思えてくる。

「取調中、何を言ってもどうせ嘘だろうと相手にしてもらえず、拘置所で何度か『ギャー』となっちゃいました」

さぞかし大声で暴れたのだろう、と想像してしまうのだ。

その後、検察官の尋問があって2日目は終わり、3日目はいよいよ精神鑑定医が登場。10年以上のキャリアを持ち、約50ケースを担当した女性医師である。精神鑑定を求めたのは弁護側だが、選任は裁判所が行った。その目的は、被告の精神状態が事件にどういう影響を与えたか調べ、責任能力の有無の参考とすることである。

さて、どっちへ有利な結論が出るのか。鑑定法等を説明した後、鑑定人は被告人の特徴をいくつか挙げた。

・素直である

・対人関係が苦手

・衝動的、感情をコントロールできない
・ストレスがかかると自暴自棄になるか、心を閉じて嫌なことから逃げる

そして結論は？

「精神病とまでは言えません。被告人は境界性パーソナリティ（性格）障害であり、気分変調性障害、解離性健忘の傾向がありますが、直接的影響という点では、境界性パーソナリティ障害のみ（本件に）影響を与えたと考えられます。そして事件後、長時間さまざまな範囲で起きたことを思い出せなかったり、帯のように一定期間のことを思い出せない解離性健忘の症状が強く出たと見受けられます」

ホッ、意味の通じる日本語。精神鑑定結果報告時にありがちな、〝素人が聞いてもちんぷんかんぷん〟な事態は避けられそうだ。

ここから、鑑定人はより具体的な説明をしていった。詳細は省くが、明解な説明によって素人にもわかりや

記憶はなくなることがたまにあります
キッパリ!
どういうときに?
自分ではわかりません

すく、この結論にたどりついた理由が語られる。

面接だけで12回。家族とも会い、書類もすべて読み込んだという鑑定人は、通常以上に時間と手間をかけて被告人の信頼を得ることに成功。男性と話すのを苦手とするので、担当医が女性だったことも運がよかった。

ぼくはここが裁判全体の山場だと思った。責任能力のこともそうだが、「おぼえていません」に信憑性がなければ、この先どんなにがんばったって光は射さない。

境界性パーソナリティ障害には対人関係の不安定さや衝動性の高さなどいくつか特徴があり、9個の診断基準のうち、被告人はそれらすべてに当てはまるという。そのなかには〝嫌なことは思い出せない〟というのも含まれているそうだ。ふむふむ、モロに境界性パーソナリティ障害だってことだ。

「ただし」

鑑定人は口調を変えずに後を続けた。

「境界性パーソナリティ障害は性格の偏りであり、病気ではありません」

責任能力はある、ということのようだ。え、そうなの……。でも、その一方でこうも言う。

「記憶についての供述は一貫していませんが、嘘をついている可能性は低いと考えます」


境界性パーソナリティ障害の場合、都合の悪い事実を思い出せないことは実際にある。病気ではないが、偏った性格がそれを引き起こす。そういう理解でいいだろう。

ただ、いまひとつインパクトがないのも事実。解離性健忘だと断言されれば、記憶のなさにグッと真実味が出てくるのだが、ヘタに突っ込んで否定されては元も子もない。そうであれば、鑑定人ははっきり言うはずである。うーん、勝負かけにくいか。境界性パーソナリティ障害であるとわかっただけで御の字かもなあ。


ぼくが、この医師を公正だなと思うのは、推測を交えた個人的見解に走らないこと。自分が分析した被告人の状態を、職務に忠実に述べるのだ。被告人に同情的でもなければ冷淡でもない。そういう発想では仕事をしていない。

淡々と発せられる言葉を、被告人を裁く側へのメッセージとして〝翻訳〟するとこうではないか。

〝あなた方健常者には信じられないかもしれないけれど、境界性パーソナリティ障害のある人なら思い出そうとしても思い出せないことはあるし、目の前にいる被告人はおそらく嘘をついているわけではないのよ。

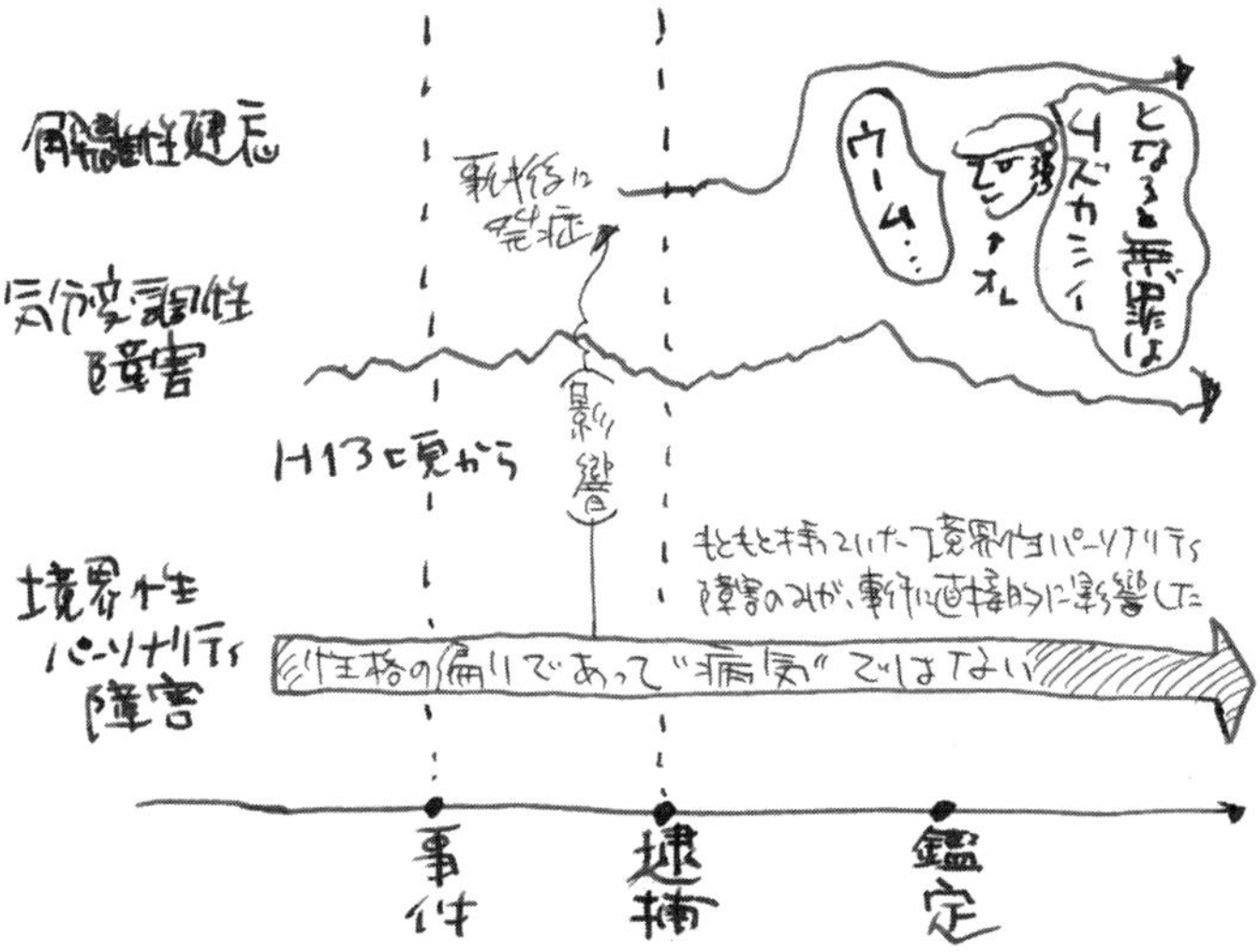

100%ではないにせよ、高い確率で彼女は彼女にとって本当のことをしゃべっているんですよ〟

そんなふうに語りかけられている感じがする。ぼくがそうなのだから、裁判員も同様であって不思議ではない。

それを前提とすれば、この事件は〝無罪〟とは考えにくいが、一般の放火と同列に論じるのもおかしいと思えるようになる。検察官の質問に対し、鑑定人はこうも答えた。

「境界性パーソナリティ障害は治りますか？」

「難しいと思います。性格の偏りなので、治すには時間がかかりますし、適切なサポートがなければ治らないと思います。治療、家族の協力、本人の強い気持ちが必要です」

「鑑定中、被告人は治したがっていると思いましたか？」

「はい。彼女は治して家族と一緒に暮らしたいと、私に繰り返し語っていました」

その後、鑑定人は亀井弁護士の問いに対し、時間はかかるが治癒の可能性はある、家族のサポートがあればよりその可能性は高まると証言した。裁判後、ひとりの患者として来られたら診療することも拒まない、と。

強い味方である。実際、翌日の法廷ではBさんや被告人の父親が出頭して被告人をサポートしていくこと、すでに入院する病院も事実上確保していることなどが語られた。被告人も治療に前向きだ。裁判の流れも、ここへ来て弁護側が押し返した格好。いい勝負になるんじゃないか。

結果が推測できなくなってきた。鑑定人は被告人の証言を裏づけるようなことも言ったけれど、境界性パーソナリティ障害は病気じゃないと断言している。そこで、病気ではないが事件時の記憶がないのはウソではないと仮定すると、やったことを覚えていないが、それは病気のせいではないということになる。じゃあ何なんだ？

失火ではなく放火であることは間違いなさそうだ。おぼえてないが、火をつけたのは被告人。おぼえてないが、被告人は正常の範囲内。正常なんだけど、そのときだけ正常さを失った……、どうにもビシッとまとまらない。


弁護人は歯がゆい思いではないか。じっくり考えさせる力はあったにしても、裁判員たちを説き伏せた手応えはないだろう。無罪への壁は厚い。精神鑑定が入ったときはなおさら。どこをどうほじくっても病気、そうなってやっと五分五分くらいの感じである。弁護人たちからは腰砕けと言われそうだが、いい勝負＝執行猶予付判決の決着を合格ラインと考えたい。

▼求刑5年、判決は……

鑑定人のブレのない発言が、うさんくさく思えた被告人の証言に信憑性を与え、罪を許そうとするBさんや家族の存在をクローズアップ。検察官の求刑は5年だった。

無罪なら検察官の敗北。それだけは避けたい。放火の罪は重いが、情状面を考慮して、無難な量刑で収めようとしたようだ。

これで執行猶予付判決の可能性は高まったのではないか。たとえば、この鑑定人に長期カウンセリングを依頼することを条件に、量刑を3年にして執行猶予を5年付ける。これなら再犯の可能性も減り、裁判員としても判決を出しやすいのでは。

「そうなればよかったんですけど、微妙な結果でした」

判決後、亀井・田畠弁護士に会うと、いかにも残念そうな顔である。求刑5年に対し、判決は懲役2・5年だったのだ。執行猶予は付かなかった。

2・5年というのは、酌量減軽を付したうえで、そのなかでも最下限の懲役期間である。実刑とするか、執行猶予とするか、裁判官と裁判員が結論を出すのに苦労した跡がうかがえる。公判中、涙を流した裁判員までいたこの事件、評議もかなり難航したのではないか。

ふたりに聞くと、やはり被告人が起訴直後に言い出した「おぼえていません」を信じてもらえるかどうかがすべてだと考え、裁判に臨んでいたそうだ。

検事は有罪をとることにこだわっていたのか、あまり争わず、突っ込んでもこなかった。優秀な鑑定人が選ばれ、被告人が心を開いてくれたのも幸運だった。

「鑑定書に解離性健忘の記載を見たときは正直、狂喜乱舞。彼女が嘘を言っているわけではないと精神科医にわかってもらえた！と」（亀井弁護士）

「裁判員の態度を見て手応えも感じた」（田畠弁護士）

総じて狙いどおりに進んだ裁判ではあったという。ただし、1つだけ誤算があった。最後の最後、裁判官に反省を求められたとき、被告人が〝一般的にあってはならない答え〟を口にしたのだ。

新しいマンションだし、そんなに燃え広がるようなことはないかも――。

「あのときは正直、空気が凍りついたように感じた。被告人は鑑定人が証言してくれたように良くも悪くも正直な人。彼女らしい発言と言えばそうなのだけど……。確かに私は弁論でも反省しているということは主張していない。ただ、裁判員には、記憶がない以上、彼女が反省したくてもできないんだということも理解してほしかった。またそういうところが障害なんだということも。でもそれが甘かった。放火にせよ失火にせよ自分が原因で火災が生じている以上、反省はするべきというのが判決のメッセージだったように思う」（亀井弁護士）

反省、か。たしかに、裁判では心からのものであるかはともかく、反省の意思を表明することが重視される。反省がなければ、またやりかねないと考えられてしまうからだ。判決の理由でも、そのことにはしっかり触れられている。

判決文にはこう記されている。

〈火災時の記憶がないとはいえ（ここは認めているのだ！）、自己の何らかの行為によって火災が発生したことは明らかであって、この点についての被告人の内省が十分とは言いがたい〉

ポイントはそういう情緒的な部分ではないと思うのだけどなあ。

再犯防止に不可欠なのは治すこと。刑務所に入れてどうなるものではない。鑑定人に頼み、執行猶予期間すべてを使うつもりで治療にあたるほうが前向きだとする意見も、評議では出たと考えたい。

だからこその2・5年。そうでなければ、精神鑑定の入る裁判員裁判はずっとイバラの道を歩むことになると思う。

あやふやな証拠を叩きつぶせ！

■傷害致死事件■

▼意見が割れた冒頭陳述

開廷40分前に法廷へ行くと、まだ誰も並んでいなかった。裁判員裁判が物珍しかった時期は終わり、大きく報道されたわけでもない傷害致死事件では、いまどき傍聴券も出ない。開廷の時間になってようやく席が埋まる程度だ。

しかし、今日から始まる傷害致死事件の審理は、そこらの同種事件とは違う。被告人が無罪を主張、しかもその理由が正当防衛なのである。

暴力を振るったことは認める。それが原因のひとつとなって被害者が死亡したことにも異議はない。でも、その暴力は先に相手が手を出してきたためやむなく振るったものであって、殺意はもちろん、相手を傷つける意思もなかった。そういう主張だ。

ぼくが正当防衛という言葉から連想するのは、やり返さなければ自らの命を失うケースである。強盗に刃物で襲いかかられ、とっさに反撃したところ、打ちどころが悪くて死亡させてしまった。これなら正当防衛に当たると思う。ネットで得た情報なので詳細は不明ながら、今回微妙だと思うのは、酔っぱらいに絡まれてケンカになっていること。相手は素手であり、酔っぱらいのケンカなら、被害者に殺意などは存在しなかったと考えられる点だ。

何かこう、仕方がなかったよねと思わせるものがない。そういう面があったとしても、現実に相手を死なせているのだし、無罪放免というわけには……、というのが一般的な意見ではないだろうか。

これが司法の世界となるともっとキビシくなるのは避けられない。裁判所は無罪を出したがらない……。決めつけると言い過ぎになるかもしれないが、ぼくは正当防衛が認められた裁判を見たことがないのだ。ベテラン傍聴人も、悲観的な予想を口にする。

「正当防衛を争って勝つには相当決定的なこと、たとえば手を出さなければ殺されるレベルの理由が必要だろうね。まあ、心情的にわかるってくらいの内容だったら、裁判では一蹴されるんじゃないか」

正当防衛を勝ち取るのは、そこそこ有利な材料があったとしても決して簡単ではないと思える。弁護人のふたりは、どういう戦略で無罪を得ようというのか。

またもや、無罪を主張する裁判だ。前回の放火事件では、残念ながら望む結果は得られなかった。共に戦った傍聴弁護人としても……単なるウォッチャーだが、精神鑑定という厚い壁に阻まれ、話についていくのが精一杯。裁判員たちも同じだったろう。

今回は、正当防衛という壁が立ちはだかり、これまた難攻不落に思える。しかし、精神鑑定よりはとっつきやすい。主任の高野隆弁護士は実績あるベテラン。前回は見ることができなかった、裁判員の心を動かす弁論テクニックを見せてくれるかもしれない。

傍聴リポートの前に、事件の概要を記しておこう。

数年前、11月のある晩、自転車でコンビニに向かっていた被告人のAさんが、酒に酔った被害者Bさんに絡まれたことがトラブルの端緒だ。ふたりはいったん別れるが、自宅マンションまで戻ったAさんがタバコを買い忘れたことを思い出してコンビニに戻ったところを、追いかけてきたBさんが発見して路上でつかみ合いに。Aさんに殴られて後頭部を地面に打ちつけたBさんは意識を失い、救急車で病院に運ばれ手術を受けたものの、翌朝死亡してしまう。死因は急性硬膜下出血、脳挫傷などによるとされている。

実は、Bさんは特発性血小板減少性紫斑病（以下、ITP）やアルコール誘発性血小板減少症の持病があり、出血しやすく止血しにくい傾向があったことが後にわかった。そんな人が酔っぱらって殴りかかってくるなんて……。Aさんにしてみれば、まさかの展開。まるで漫画かテレビドラマに出てきそうな話である。争点は以下の3点。

① 被告人の暴行態様（とくに顔面を殴打した回数）。
② 被告人の暴行と被害者の死亡との間に因果関係が認められるか否か。
③ 正当防衛が成立するか否か。

後日尋ねたところによれば、主任の高野弁護士は、正当防衛を勝ち取るためには評議で6票を持つ裁判員が全体のストーリーに共感することが不可欠だと考えていたそうだ。

目撃者の証言はあてにならないと言うだけでは弱い。医学的な話は大切だが共感は得づらい。ではどうするか。Aさんの視点で事件を語るだけではなく、被害者のBさんにも焦点を当てることによって、事件の全体像を理解してもらうべきだ。そのためにも、冒頭陳述のスタートで、事件の本質は何かということを示し、ともすれば検察官ペースになりがちな裁判の流れをしっかり引き寄せることが重要。最初からエンジン全開で勝負をかけるぞ、という方針である。

だが、高野弁護士が書いた冒頭陳述を読んだ趙誠峰弁護士は、この方針に反対したらしい。中に出てくる〝自業自得〟という言葉があまりにきつい。ヘタすると、裁判員に反感を抱かれてしまう。そこまでする必要があるだろうか……。リスクを冒さなくても勝つチャンスはあると考えていただけに、危険な賭けに思えた。でも高野弁護士は、事件の本質を見極めてもらうためにはその言葉が必要であるとの考え。で、リハーサルを入念に行うことにし、〝自業自得〟ありでいくことを決めたという。

裁判員裁判の開始以来、裁判員に与える印象を意識して本番に臨む弁護士が増えている。服装を見れば一目瞭然。以前はときどき見かけた、ヨレヨレのジャケットでやってくる〝中身で勝負型〟は見かけなくなった。弁論についても、言葉づかいや書類の読み方に注意し、よりわかりやすく説得力のある弁論をしようと心がけているのが傍聴席にいてもわかる。

高野弁護士と趙弁護士は師弟関係にあり、事務所も同じ（趙弁護士はその後独立している）だから、リハーサルまでやるのではない。多くの弁護人チームが事前準備をしているのだ。

▼検察官の自信、弁護人の賭け

「それでは開廷いたします」

裁判長の声が静かに法廷に響く。被告人は保釈中。そのせいか、長期勾留のように顔色が青白くなることもなく、服装もさっぱりしている。

さて、弁護人チームは予告通り冒頭陳述に勝負を賭けるのか。

裁判員には、被告人席にいるのは人の命を奪った犯罪者だという先入観がある。まず、この前提をニュートラルな状態に戻さないと勝ち目はない。でも、審理の中で一歩ずつ前に進むスタイルでは、ニュートラルまで持っていくだけで一苦労。賭けに成功すれば得られるものは大きい。

審理日数は4日間しかない（結審後、評議と判決）のだ。無罪という目標を考えたら、初日から飛ばさないといけない。

にしても、強烈だった。

「亡くなった人の悪口を言わないというのは基本的な礼儀作法です。私も亡くなった人を悪く言いたくない。しかし、今回のBさんが亡くなった件は〝自業自得〟です。彼はいくらでも死を避けることができた。Aさんの後を追いかけることはなかった」

初っぱなから戦闘モード全開、〝自業自得〟の決めつけ。これはすごい。

窓もなく、裁判や事件関係者と傍聴人しかいない法廷は一種の密室で、独特の威圧感がある。裁判員たちは傍目にもわかるほど緊張し切っている。予定していたとはいえ、被害者を〝自業自得〟呼ばわりするのがいかに危険な賭けか。わかっていて仕掛ける高野・趙チームの大胆さに、ぼくは鳥肌が立つ。

検察官の冒頭陳述の後でいきなりこれである。場内シーン。空気が凍りつくのがわかったほどだ。検察官がオーソドックスに、本件の争点として〝正当防衛か否か〟〝被告人の暴行と死に因果関係があるか否か〟を挙げるにとどめた直後だけに、インパクトも充分だった。

まずは狙いどおりだが、裁判員たちが内心どう思っているかまでは読み取れない。気持ちを引き締め、前向きに事件と向き合う気になったのか。正当防衛を狙ってのあざとく冷たい物言いととらえたのか。

贔屓目かもしれないが、ぼくの感触ではぎりぎりセーフというところ。正当防衛を争う裁判なのだと気づかせるとともに、被害者であるBさんの行動に関心を抱かせる効果は間違いなくあった。反面、弁護人が語ろうとするストーリーに安易に乗っていいのかと警戒されかねない面もあった。

セーフだと思った理由は、高野弁護士の白いヒゲを蓄えた宮崎駿監督似の風貌や落ちついた語り口に、迫力と説得力があったからだ。出だしから弁護人が主導権を握ったことで、本来は攻撃一本でいいはずの検察官が受けて立つポジションを余儀なくされたのは確かだろう。

が、これで終わりじゃなかった。BさんがＩＴＰ患者で、アルコール誘発性血小板減少症で治療を受けた

際に酒をやめるよう注意されていたことや、酒をやめないなら別れると決意した妻と離婚したことなどを明かしてこう言う。

「BさんがAさんのパンチ（1発だけ殴った）でケガをしたとしても、通常なら一命をとりとめた可能性が高かった。でも、彼の肉体がそれを許さなかった。そういうことなのです。この裁判で皆さんが結論を出さなければならない問題は2つ。殴られて死んだのか、病気で死んだのか。（Aさんの暴力は）正当防衛だったのか。いずれも皆さんが常識に基づいて判断しなければならないことです。そのために、ここに集まっているんです。間違っても無罪の人を有罪にしてはならない」

さらに推定無罪の原則に触れ、次の言葉で締めくくる。

「Aさんの正当防衛が認められないとするなら、それは理不尽で不合理で不公平なことです。Aさんは無罪です。ありがとうございました」

具体的な反論や事件の経過を被告人側からおさらいする

のは最小限にとどめ、この裁判をどのようにジャッジしていくべきか語ることに時間を割く。そこさえわかってもらえればいいのだ、裁判員の常識が働けばおのずと無罪になる。そういう態度が一貫していた。

意地の悪い分析をすれば、高野弁護士は裁判員たちに、これで有罪を下すようなら人としての常識を疑うとプレッシャーをかけたわけだ。

ぼくは聞いていてゾクゾクした。そのことは逆に、常識に沿って判断するだけの材料を、今後の尋問や弁論で提供することを保証したも同然だからだ。

本当にそこまでの自信があるのだろうか。検察官は有罪にできると思ったから起訴したのである。この事件には目撃者も複数いるし、医師も証言台に立つという。最初の賭けは成功だとしても、この先どうなるかはわからない。

ぼくはこれまで、すぐれた弁論をたくさん聞いてきた。傍聴していて、これは無罪になるだろう、検察官の出してきた証拠はもはや証拠とはいえないだろうと何度も思った。でも、せいぜい量刑が軽くなる程度で、無罪になったのを見たことはない。日本の裁判は〝推定有罪〟、これが傍聴マニアたちの常識でもある。

堂々と常識を問うのはいいけど、それに見合う材料は用意されているのだろうか。ブラフでした、はシャレにならないぞ高野弁護士！

いかん。ついつい弱気になってしまった。ぼくとて弁護人チームの一員（自称）。初の無罪判決目撃という目標に向かってしっかり傍聴しなければ。

事件に関してはまだ何とも言えないが、ひとつ気がついたことがある。前回の弁護人チームはマジメで誠実な印象を与え、弁論は熱を込めるというより、感情的にならず淡々と進行。それはそれで正しいと思うのだが、絶対に無罪をもぎとるのだという迫力は乏しかった。その点、今回は違う。声は落ち着いているけれど、机から離れ、裁判員に正対して語りかける。しかも内容は過激。この裁判、弁護人が前面に出て説得にあたりますのでよろしく。そんな迫力が否応なく漂うのだった。

▼目撃者証言にスキあり？

証人尋問の山場はなんといっても検察官が呼んだ目撃者の証言だった。

日を変えて2人が証言したが、基本的に大きな違いはない。彼らは会社帰りに事件現場を通りがかり、Bさんが A さんに向かうところから、A さんに殴られたBさんが倒れるところまでを見て、駅方向に去っている。

検察官が時間をかけて丁寧に質問を積み重ねたのは、もみ合いが始まって殴り合いになる場面。先に手を出したのはBさんだが、若いほうのAさんにBさんのパンチは効いていなかった。一方のAさんは右フックで殴ったり腿にキックしていた。回数は1発ではない。4～5回殴ったのではないか。そういった証言を細かく引き出し、コンビニの照明は明るくて両者の動きがはっきり見えたことや、証人の視力が1・5と良好であることまで口にさせる。

目撃者はA・B両者と面識がなく、その前に別の場所で前哨戦があった（BさんがAさんに絡んだ）ことも知らない。目撃者は、顔見知り同士のケンカに見えたと言い、形勢は明らかにAさん有利。しかも複数回パンチを浴びせていたと明解に語った。

あれれ、どういうことだ。冒頭陳述で高野弁護士は、被告人が殴ったのは1発だと言っていたのに、言い分が違うじゃないか。証人にウソをつく必要はない。ウソをついてメリットがあるのは被告人である。ということは……。

突っかかっていったBさんだが、泥酔状態でもあり、パンチは全然効かなかった。反撃に出たAさんは的確に顔面をとらえ、一方的な展開になっていた。その結果、Bさんが殴り倒され後頭部を打ったのだとしたら、正当防衛は成立するだろうか。検察官もそこはくどいほど強調してくる。

次は弁護人からの質問タイム。

高野弁護士は目撃者に、殴りかかるところを見たのか、パンチの回数は？　と念押しの質問をしていった。パンチは4回ぐらいは当たっていたというところだけ、調書をもとに、2発殴ったのを見たと（事実上）訂正させ、今度は見た位置を確認していく。

何がしたいのか。そのココロは、目撃した場所から、パンチの当たる瞬間を見ることができないのを認めさせることのようだ。目撃者が見たのは、あくまでAさんが〝殴ったと思われる〟複数のシーンなのだと。

「調書では、はっきりどこに当たったかはわからないと述べている」

高野弁護士が、検察官への答えと調書の違いを指摘した。

「そうです」

完全に殴っていた、一方的にやっつけていたという検察官の言い分に小さいながら穴があく。「事実はこうじゃないですか」と、高野さんが証人の記憶を修正させようとする。

「殴っているとしか思えない角度でAさんの右手がBさんの顔面に伸び、それが複数回あり、最後にBさんが倒れた。そのうち何発当たったかは定かではない」

そうだったかもしれないと証人が認める。

いい反撃だ。裁判員への〝刷り込み〟効果は早めに消さないとダメ。刷り込まれたイメージは、時間が経てば経つほど定着し、打ち消すのに苦労する。4発から2発に減っても、弁護人の言う1発とは食い違う。でもそれは細かなこと。弁護人の狙いは、目撃者の証言は正確さに欠けるな、と裁判員が脳内修正することなのだろう。

大胆に攻め、素早い処置で傷口を広げない。弁護人チームの手法がわかってきた気がする。

目撃したのは時間にして40秒程度の出来事だが、判決を左右する重要なポイントである。弁護人チームは図を駆使し、目撃者がそれほど見やすい位置にはいなかったことを強調していく。裁判員や裁判官からの質問もたくさん出て、関心の高さをうかがわせる。

互角か。いや、まだ若干検察官に分があると考えよう。パンチが当たる瞬間を見てないとしても、人間の目は一連の動きからかなりの情報を得て判断を下すと思うのだ。勢いの差はやはりあったのだろう。Bさんは酔っぱらいだし、うまくいなしてコンビニに逃げ込むなど、トラブルを大きくしない工夫だってできた気がする。

弁護人チームが事件時のAさん、Bさん、目撃者のいた位置にこだわるのは、それを見越したうえでの駆け引き。午後11時前後、近くの照明がどうなっているかを調べ、路上の明るさを検討したのもそのためだと思う。

Aさんが暴力を振るった事実は確定でいい。問題は、証人が言うほどには、AさんはBさんを一方的に殴ってなかったし、そもそもクリアに見えていたわけでもない。

人の記憶なんて不確かなものですよ。当局立ち会いのもとで現場検証し、細かい状況を尋ねられる。Aさんは応戦していませんでしたか、パンチが当たったのが見えたんじゃないですかと聞かれてご覧なさい。だんだん、そんな気になってくるとは考えられませんか。そう裁判員に伝えたいのである。

できれば視野を広げてほしい。証人は、この事件のクライマックスのみを不完全な形で見たのであって、それは事件の本質とはいえない。勝つためには、全体のストーリーを理解し、なぜAさんが手を出したかを考えてもらわなければならない。そのために、全力で目撃証言の信憑性をつぶしにかかったのだ。

▼真相はどちらのストーリーか

じゃあ、本質って、全体像って何だ？　3日目の審理、弁護人たちはストーリーを理解させるためにめいっぱい使った。

裏づけ捜査や目撃場面の再現見分などを担当した警察官、Aさんが「誰か救急車を呼んでくれ」とコンビニに駆け込んだとき電話をした男性。決め手となる事実は浮かび上がってこないが、Bさんが事件前に飲んでいた居酒屋の店員が、Bさんの人となり、飲酒癖などを語ったのは収穫だった。血を流してはいけない病気を持つ人なのに、普段からよく飲んで、人に絡んでいたんだというのがわかるからだ。

検察官もすぐ対応し、絡むからといって手を出すことはなかったとの証言を引き出す。一見、事件との関連が薄そうな場面だが、バトルは激しい。検察官だってプロ。弁護人チームの作戦はわかったはずだ。

午後、被告人への質問。先手は弁護人側である。

「事件当日、何時頃に夕食を食べましたか?」

緊張気味の被告人に対し、世間話でもするように高野弁護士が語りかける。

「5時か6時頃でした。酒は飲んでいません」

被告人はその日忙しく、自宅で仕事をしていた。仕事は出版関係が主で、ちょっとしたタレント事務所のようなこともしている。で、夜の10時頃、香水とタバコを買おうと自転車で表に出た。この日の深夜、所属するタレントの卵がテレビ出演する予定だったから、急いで香水を購入。と、歩道からBさんが出てきて道をふさぎ、因縁をつけてきた。

「どんなふうに?」

「てめぇコノヤロー。なんだオメー、やんのか、と。知らない人だったので、自分から出てきておいて何を言ってるんだと注意しました」

ふたりはここで接触している。Bさんは、酒の匂いをさせながら身体をぶつけ、Aさんはそれを振りほどこうと胸を押した。するとBさんが顔や首をつかんできたので、Aさんは自転車を降りもみあったそうだ。

しかし、本格的なケンカにはならず、Aさんは自宅に戻った。タバコを買い忘れたことに気づき、近所のコンビニに引き返し、自転車を停めたところで、Aさんを追いかけてきていたBさんに会ってしまうのである。

「Bさんは、目が合うと何か叫びながら（自分のほうへ）小走りにやって来ました」

再度もみあいになり、最後は手が出て、Bさんは仰向けに倒れた。異常を察知したAさんはコンビニにいた人に頼んで119番……。高野・趙弁護士が描くストーリーを整理すると、以下のようなものになる。

被告人のAさんは酔っぱらったBさんに理由もなく絡まれ、1度は振り切ったものの、2度目は話し合いの余地もなく手を出してきた。防御に努めたが、とうとう1発殴ってしまい、倒れた拍子に後頭部を打った相手は動かなくなってしまった。パンチを出したのは、突然降りかかった自分への暴力から身を守ろうとしたためで、もちろんわざとではない。

事情を知らない通行人がこの場面を目撃していたが、角度的にも明るさ的にも見えにくく、証言通りだったとは言えない。

Bさんは自分がＩＴＰであり、血を流すと止まらない体質なのを知っていたのに、なぜこんなことをしたのか。もしもAさんがＩＴＰのことを知っていたら、絶対に手を出したりしなかっただろう。Bさんはケンカで流血したら命に関わるリスクを抱えた人だった。

当然ながら検察官には検察官が描くストーリーがあって、そこではAさんが積極的にBさんに暴力を振るったことになっている。そのストーリーの要となるのが目撃証言のはずだったのだが、そこがグラグラしてきた。

人を有罪にする決め手は証拠である。自白がとれていない今回の事件で、それでも起訴に踏み切ったのは、目撃証言に自信を持ってのことだろう。だが弁護人の調査で、正当防衛ではないという最大の根拠に疑問が生じたわけだ。

調査能力では検察官の比ではない弁護人に、いともたやすく崩される証拠（目撃証言）って何？　いい加減な捜査で起訴するものだと怖くなってくる。

▼「元暴走族」をめぐる駆け引き

無罪と有罪では天国と地獄ほども開きがある。正当防衛なのに刑務所へ送り込んだら、冤罪の片棒を担ぐことになる。といって無罪の証拠もないのだから、有罪かもしれない被告人を無罪にする可能性がある。裁判員たちはさぞかし頭を悩ませているだろう。そんなことを思いながら休廷時に喫煙所へ行くと、裁判員のひとりが一服しているではないか。

「ご苦労様です」

思わず声をかけると、苦笑いが返ってきた。

「私、先日も裁判員を務めたばかりなんですよ。途中で体調を崩してリタイアさせてもらったんですが、まさか数ヵ月後にまたやるとは。しかも、今回のは難しいですからねえ」

そんなことがあるのか。驚いていると、保釈中のAさんまでやってきた。審理も3日目に入り、疲労しているのがはっきりわかる。Aさんが一緒にいる知人に、毎晩眠れないと打ち明けるのが聞こえた。そうだろうと思う。主張が認められれば無罪になるが、そうでなければ最悪、刑務所行きである。

休廷の後は、今回の裁判を複雑なものにしているBさんの病気について。解剖医の証言などから、死亡直前に視床出血を起こしており云々と詳細な説明がなされたが、医学的な知識がないとわかりにくかった。
要するに、Bさんは手術を受けた後も脳内出血が止まらず、それが死亡の要因になったとするのが弁護側。死因はパンチを受けて倒れた際に起きた脳内出血だとするのが検察側。で、解剖医の見解は、以下のとおりだ。
「殴ったことが直接死に結びついたのではなく、殴られ、出血し、頭部打撲により既往症と結びついて死亡した」
このあたりのやりとりは、欠かすことのできないやりとりではあるだろうが、素人が物事を判断するには微妙過ぎる。だから、どちらかに決定的な弱みでも見つからない限り、フムフムと聞いているだけの感じだ。

ともあれ、法廷でのやりとりについては弁護側が押し気味。検察官は揃えた証拠を自らのポイントにしきれないでいるように見える。

が、それはプロ同士の攻防についてであって、検察官が間違ったことをするわけがないと考える人には、弁護人チームのぼくには大善戦と思えることも、案外スルーされていそうだ。

裁判員のなかには正当防衛に傾いている人もいると思う。だが、そうでない人だっていると思う。目撃者は複数回殴ったと言っているのだ。殴り倒さなければ悲劇は生まれていない。正当防衛と言いきれるほどAさんが追いつめられていたとは考えにくい。有罪の判断を下すことは、そんなに無理のあることではないのだ。

日本の裁判はほぼ有罪決着。だから、検察官にとって最良の選択は、あえて何もしないこと。派手な物言いは弁護人に譲り、失点を防ぐ選択肢だってあった。

ところが、被告人質問でこんなことを持ち出してきたのだ。

「あなたは元暴走族ですね。しかも総長。暴力には慣れていますね」（要旨）

「異議あり！　本件とは関係ありません」

高野さんがすぐ抗議。それを何度か繰り返しながら、遠回しに被告人の過去を裁判員に教える。狙いはわかるんだよ。Aさんは暴力的な人間でケンカ慣れしている。だから今回も、Bさんをいたぶるように攻撃し、死に至らしめた。弁護人が異議を申し立てるのは計算ずく。裁判員にAさんは暴力的だというイメージを与えればいい……。

でも、この作戦はあまりにミエミエ。高野弁護士の呼びかけで、全体のストーリーをみんなで真剣に考える気運が高まっているとき、あざといやり口はマイナスでしかないだろう。

ここへきての昔ネタ。焦りがあるのだろうか。本気で有罪の決め手になると考えていたなら、ずいぶん裁判員をバカにしている。高野弁護士と趙弁護士は、怒りながら内心シメシメだろう。検察官、墓穴を掘ったか。この裁判、ひょっとしたら勝てるかも。

▼80分の最終弁論！

検察官の求刑は5年。うがった見方をすれば、執行猶予付きでいいから有罪にしませんかと誘っているように思えなくもない。いよいよ迷ったときにはぜひどうぞ。有罪だけど収監はされません。落としどころとしてはうまい。

だけどねぇ。ここへきて、被害者参加弁護士が意見陳述で暴走。感情的にまくしたて、懲役10年が相当と検察官の倍の数字を出すってどういうこと？　チームワークがバラバラである。

ぼくが「ん？」と首を傾げたのは、被害者参加弁護士が、Bさんが手の甲を骨折していたことについて、自分には拳法の経験があると前置きして、殴ったために折れたのではなく、Ａさんのパンチを手で防いだときに折れたと断言したときだ。そんなことは解剖医も言ってないのに。

いよいよ高野弁護士の最終弁論。机を離れて裁判員の前に立つのは冒頭陳述と同じだ。

「はじめに刑事裁判のルールを確認しておきます。刑事裁判とは、証拠になっていない噂を述べ立てる場ではありません。刑事裁判とは、検察官の主張が証拠のみに基づき間違いないと認められるかどうかです。常識に従って判断したとき、疑問がひとつでもあれば、無罪を下さなければならないのです」

短い言葉で、元暴走族云々といった枝葉の部分をバッサリ切り取ると、検察官の主張を整理し、それが間違いないかどうかを検証する作業に移り、よどみなく話を展開していった。

このとき驚いたのが、身振り手振りのジャマになるのか、ペーパーを持っていないことだった。最終弁論で手にしたペーパーを見ずにしゃべる弁護人は見たことがあるが、高野さんは手ぶらなのである。事件の詳細を振り返ることも多々あり、言いたいことはすべて頭に入っている自信がなければできないパフォーマンスだ。判決に直結することではないが、弁護人の本気度、能力を示す手がかりにはなる。

最終弁論に要した時間はなんと約80分。めったにないほど長尺だが、熱弁を振るうのではなく、語りかけるように繰り出される言葉はすんなり耳に入ってくるのか、眠そうな裁判員はひとりもいない。被害者参加弁護士の手の甲骨折問題については、やや呆れ顔で、殴っていて甲を骨折することは珍しくもないと片づけた。

検察官の証拠は信用ならないかも。そう思わせる箇所はいくつもあったが、ぼくがヒザを打ったのは、AさんにはBさんとケンカしている場合じゃない事情がはっきりとあった点だ。

前述のように、Aさんの仕事は出版・芸能関係。この日は抱えているタレントが初めてテレビ出演する日だった。Aさんはそれを見たかったたし、立場上も見なければならない。放送時間は迫っており、コンビニでタバコを買ったら即家に帰るつもりだった。仮にケンカが強かったとしても、わけのわからない酔っぱらいを相手にしている場合じゃなかったのだ。

目撃者の証言に関しては、それをもっとも危険な証言であり、75％が誤った証言を行っていたというアメリカの例を出す。

「なぜでしょう。記憶はもろいからです」

完璧な記憶ではないのに、繰り返し語らせられ、取調べで確認されているうちに、それが刷り込まれる。防御の態勢だったかもしれないのに、フックパンチを打っているように思えてくる。Aさんの右手は無傷だった。

「Bさんのことを考えてください。何度も殴っていたら無傷だったと思いますか」

そして、こう結論づける。

「本当に一方的だったら、目撃した証人は黙って立ち去ったか？　知り合い同士、酔っぱらい同士のケン力だと思ったのではないですか。だから彼らは去った。そのまま帰宅した。たいしたことではないと思ったからです」

紙幅が尽きてきた。先に結果を書こう。判決は無罪だった。裁判員と裁判官は正当防衛を認めた。やったー！　ぼくにとっては裁判傍聴開始後、初めての無罪判決目撃だ。無罪はこうやってとる、検察官の証拠はこうやってつぶす。その手本となるような弁護を見せてもらった。

もちろん、判決は事件の中身を吟味して下されるのだから、他の弁護人であっても無罪を勝ち取れたかもしれない。だが、ぼくは冒頭陳述と最終弁論に力があったことが無関係ではないと確信する。

後日話を聞きに行ったら、高野弁護士は判決言渡しのときに裁判員が晴れ晴れした表情をしていると感じ、無罪かなと思ったそうだ。

趙弁護士にとっては、弁護士生活3年目にして初の無罪判決。裁判が進むにつれて当初の不安は消え、これが無罪にならないなら裁判員裁判って何？　との心境で判決の日を迎えたという。

冷静な高野弁護士がとくに熱を込めた、最後の数分間を再現して、この原稿を終えたい。

「もしこれが正当防衛でないなら、この国はもう、どんな暴力を受けても反撃してはいけないのと同じことになってしまう。

……皆さんは刑事裁判という、この国の司法の要である裁判員の仕事をされました。法廷に集中されました。裁判所の職員ではなく、裁判員として参加している皆さんは、自分の心で証拠を見、自分の経験と常識で判断するためにここにいるんです。もしも裁判官の判断が常に正しいなら、皆さんがここにいる必要はありません。

議論してください。自分が正しいと思うなら、それを貫いてください。間違っていると思ったら変えてください。それは恥ずかしいことではありません。ひとりの男の運命が決まってしまうのですから。Aさんの運命は皆さんの手のひらの中にあります。その手のひらを握りつぶすことだけはしないでください」

◉第5法廷

謎の組織に操られた、卵配達人の妄想と暴走

■殺人未遂、公務執行妨害事件■

▼心神耗弱は争点じゃないけれど

「T裁判長じゃ被告人も弁護士さんも大変だねぇ。相手は検察官より裁判長だったりして」

初公判30分前、ロビーで会った傍聴マニアに心配されて、急に不安になってきた。T裁判長は傍聴マニアに評判が悪いのである。

審理を自分の意のままにコントロールしようとする傾向が強い。権威的言動が目立つ。これが主な理由。裁判員裁判だから露骨に権力を振りかざすことは……ないと思いたいけど……これまでいろいろ見てきたからなあ。裁判傍聴の醍醐味は、人生の土俵際に立たされた被告人とクールな代理人（弁護士）vs 責め立てる検察官のやりとり。裁判官は行司役に徹し、公正中立な立場でいてほしい。

それはさておき、ぼくが不安になったのは、今回の事件が裁判員にとって善悪や虚実の見極めが困難であるところだ。

行われた犯罪はむしろ単純である。営業車両で仕事中、Uターン禁止の道路でそれをやったのが事の発端。警察官に見咎められたのを振り切って逃げた被告人が、別の場所で再び警察官（巡査）の職質を受け、またもや無視してクルマを発進。結果、巡査をはね、約50メートル引きずって傷害を負わせた。

もしかしたら死んでいたかもしれないし、それでもいいと思ったに違いないから殺人未遂。警察官の職務を妨害したから公務執行妨害。これが検察官の言い分だ。

被告人は、はねたことや逃げる際に引きずったことは認めている。ただし殺意については否認している。そして、犯行時、被告人は〝自分は狙われている〟との妄想にとりつかれていたという。今回の事件は異常な精神状態の下で行われており、殺意などあるはずもないのだから無罪。これが弁護人の主張だ。事前の情報では、被告人が心神耗弱状態にあったことは検察官も認め、争点にはなっていないらしい。

異常な状態だったことは双方が認めている。しかし、検察官は有罪で殺意もあったと言い、弁護人は無罪と言ってる。翻訳するとこうなるのかな。

「正常じゃなかったけど善悪の区別もつかないほどひどくはなかった」（検察官）

「ひどい妄想状態で、善とか悪とか考えられるはずもなかったのだから殺意などあるはずがない」（弁護人）

争点としては殺意の有無ってことになるのだろう。裁判員たちは、犯行当時の被告人がどれほどおかしくなっていたかを、審理を通して考えなければならない。

これは大変である。整然と証拠が揃った事件でさえ簡単に結論など出しづらいのに、人の心、しかも心神耗弱の程度についてジャッジするなんて、すごくやりにくいだろう。なぜなら、おそらく裁判員は皆、心神耗弱になった経験がないからだ。手がかりがないと、人は具体的なイメージを描きにくい。ぼくはこの裁判、検察官や弁護人が裁判員たちの白いキャンバスに、証拠や言葉という〝絵筆〟でどんな絵を描けるかが勝負だと思う。

▼こんなに穏やかな弁論で勝てるのか？

検察官は冒頭陳述で３つの争点を挙げた。

① 被告人の車と巡査がどのように衝突したのか。
② 殺意や公務執行妨害が認められるのか。
③ 全治58日間のケガであったたか。

心神耗弱の程度については②で触れざるをえないからなのか、水掛け論になることを避けたいのか、争点にはしなかった。

概略を聞くと、検察官の気持ちもわからないでもない。かなり突飛な話なのだ。

被告人は事件当時30歳、独身。両親、弟と4人暮らしで、鶏卵卸売り会社に勤務していた。仕事の中身は飲食店などから注文を受け、卵を配達することだ。マジメに働いていたのだが、犯行2週間前から様子がおかしくなり、〝自分の知らない大きな組織から命を〟狙われ、卵の配達は〝(自分を護るための) 命がけの仕事〟と思い込むようになった。

事件当日早朝、卵を積んだ軽トラで会社を出た被告人は蕎麦屋へ向かう途中で交通違反。巡査2名が追いかけ、免許証のチェックをしている間に車を発進させた。配達先の蕎麦屋に卵を届け、代金を受け取って車に戻ったところを発見したのが被害者の巡査。いったん逃げようとしたところを追いつかれ、巡査が自転車を車の前に停めて話しかけている最中に発進。自転車ごと巡査をはね、引きずり、6・5キロ離れた会社まで時速100キロ近い速度で信号無視して走った。逮捕時はおとなしく捕まり、それ以上逃げようとはしていない……。

これはやはり、素人目にも正常とは思えないよなあ。はねて向かった先が会社って、逃げる目的からもっとも遠い。しかもその理由が、卵をちゃんと配達しないと殺される、ときた。月見そばやカツ丼に使う卵を命がけで配達と言われても……。しでかしたことと妄想にギャップがあり過ぎだ。

でも、だからこそ妄想なわけで、「常識で考えておかしいだろ」と責めたって意味がない。ちらちら被告人を見ている裁判員たちにも戸惑った様子がうかがえる。

これを受けての弁護人冒頭陳述。ぼくは主任弁護人の小林剛弁護士が、裁判員の気持ちをつかむべく、強い言葉で語りかけると予想していた。ところが……。

前に出てしゃべり始めた小林弁護士は、きわめて静かな口調で、淡々と被告人側から見た今回の事件を語り始めたのである。

妄想にとりつかれた被告人にとって最優先で行うべきだったのは、卵の配達を早くやり遂げ、集金して会社に戻ることだったこと。そこに意識が集中していたため、巡査の制止も目に入らず、警官が行く手を阻んでいる程度の認識だったこと。避けたつもりで右前方へ発進し、引きずったことにも気がつかず、必死で会社に向かったこと。妄想で頭が一杯だった被告人は正常ではないので、仮にどうにでもなれという気持ちがあったとしても心神耗弱ゆえであって、通常の意味での殺意などなかったこと。

ざっくりこういう主旨で、感情を表に出すことなく説明。事件に至る経緯についても丁寧に語ったが、そこは後で触れよう。

争点については、次の見解だ。

① 事故対応に関し、軽トラ正面に横向きに自転車が停まっていたかどうかは怪しい。

② 犯行を認めた供述調書はあるが妄想時の取調べで作られたものである。心神耗弱が認められており、殺意はなく無罪だ。

③　実際は全治まで44日間だった。

え、これで無罪を取りにいけるの？　素人なりに考えても、戦略が感じられないのでは。オーソドックスで悪いことはないし、前回の高野・趙弁護士みたいな強気な手法がベストとも言わないけれど、無罪を狙うにしてはおとなしく感じてしまう。心神耗弱しか戦う材料がないってことだとしたら心配だ。今回の被害者は警官。いわば身内の事件だけに、検察官は必勝態勢でくるのが目に見えている。しかもT裁判長。あらかじめ、検察官に3票入ってる状態からのスタートと考えたほうがいいのだ。

この事件のカギが被告人の精神状態で、心神耗弱が認められていることを踏まえると、検察官が居丈高な態度をとらないのは狙いとしてわかる。でも、弁護人がそれに付き合うように紳士的な姿勢を打ち出すのはどうだろう。裁判員はグラグラと迷う気持ちでいるはずだから、逆効果のおそれがあってもインパクトのある出だしのほうがよかったのでは。

せめて、推定無罪の原則を強く裁判員に訴えるくらいのことはしないと、弁護人が本気で被告人の無罪を信じているのか勘ぐられかねないぞ。たとえ小林弁護士のキャラクターがそうであったとしても、裁判員はそんなこと知らない。冷静で理知的だと思ってくれればいいが、自信なさげに見えない保証はないのだ。

が、ぼくの見立ては正しいのか。もし弁護人サイドに周到な狙いがあるのだとしたらどうだ。この裁判、名目上は有罪か無罪かを争うカタチになっている。ぼくもそういう目線で冒頭陳述を聞き、無罪を勝ち取ろうとする気迫に欠ける気がした。しかし、そもそも無罪狙いではないとしたら？　無罪狙いでギャンブルするより、確実に執行猶予を取りにいく戦略である。

弁護側にすれば有罪でしかも刑務所に入る判決が最悪だ。現在、心神耗弱から脱出した被告人には、自分がしたことを客観的に見つめる能力が復活。警官をはねて引きずったことや公務執行妨害をした事実を認め、反省している。本当に病気が原因で起こした事件で、もととなる病気が治ったとすれば、そういう人をムショにぶち込む必然性はないし、それでどうなるものでもない。被告人席にいるのは、妄想にとりつかれていた男ではないのだ。いや、同じ人間だけど。

だとすれば、無罪にこだわるあまり心証を悪くする愚は避け、悪いことはしてしまったけれど、悪いのは病気であって被告人その人ではないということを理解してもらおう。裁判員が持つ6票のうち5票獲得を目指し、無罪は欲張りでも執行猶予を付けてもらおう……。

そう考えての冒頭陳述だったかどうかは別として、無罪を主張することにより、裁判員が執行猶予を付けやすい環境を整えたとするのは考え過ぎだろうか。無罪にはしない。しかしムショに入れじゃ厳しいから執行猶予付判決を落としどころにする。これなら裁判員は、〝被害者にも加害者にも恨まれない判決を下した〟と自己満足しやすい。

裁判は心理戦。言い方は悪いが、無罪の主張を一種のダミーとして使い、勝ち取れればよし、無罪がダメでも執行猶予で中身の濃い〝引き分け〟を狙うのだ。

つい失礼な妄想を抱いてしまった。弁護人チームはそんなこと考えてないと思うが、被告人が無罪を主張する事件を担当することになり、そこまでは無理と思ったとき、次善の策を用意するのもプロの考え方ではないだろうか。名より実をとり、刑務所に入らなくてもいいように戦術を組み立てる。自分ならそうすると思ってしまうぼくは、発想がセコいのだろうか。

▼殺意にこだわるのはプロだけだ!?

冒頭陳述後、証拠書類取調べが双方で1時間、午後から翌日にかけて警察官3名、目撃証人1名の証人尋問が行われた。その後、双方の工学鑑定人が呼ばれ、はねた状況についてのやりとり。どういうふうにはねたのかは殺意の有無につながる争点なので時間をかけて行う意義はあるものの、正直、退屈。熱を入れて聞く気にはなれない。

だって、被告人はそのとき命がけで仕事中で、他のことなど眼中になかったのである。はねた瞬間の記憶もきわめてあやふや。前に巡査がいると知りながら、どうなってもいいやと発進させたら殺意ありで、ぶつけるのはまずいと少し避ける気持ちがあったら殺意なし、というような常識的なジャッジが通用しない世界を精神が彷徨っていたから事故になったのだ。工学鑑定人の意見が一致するならともかく、割れているのも困ったもの。殺意があったとは言い切れないし、なかったとも言い切れない。

このプロセスが外せないのはわかる。殺意の有無が判決に直結するのだから、検察官は攻めるし弁護人は防御する。でも、しょせんはそれぞれの立場から出ようとしないルーティンワーク。それなりに法廷は白熱しても、決定的な証拠になるほどの威力はないのだ。

3日目、被告人の父親が証言台に立ち、ようやく感情に訴える声を聞くことができた。被告人はどういう人か、なぜおかしくなったのか、兆候はあったのか。それは事件の核心に触れることでもある。

「驚きました。交通事故を起こしたのかと思い、会社へ行かすんじゃなかったと……。（息子は）言動がおかしく、一睡もしてない状態でございました」

小林弁護士のリードで、父親の証言が積み重ねられてゆく。

被告人は気の小さな人間で、人と争ったり傷つけることのできないタイプ。何かあってもジッとガマンする性格で、マジメである。午前3時には起床して仕事に行くため夜は早く、日常生活は単調。家族の仲はごく普通で会話もある。

はっきりした声で質問に答える父親。そばで眼をつむり、じっと聞いている息子。泣いたり叫んだり、演技じみたことをしなくても、冷たい親子関係ではなかったことが推察できた。

息子が精神を病む経緯について、父親は語る。

「事件の前年、11月か12月頃、（勤務先の上司である）店長が理不尽なことですぐ怒鳴る、勤務態度に疑わしいところがあり、店長は言っていることとやっていることが違うと言いました。私は、人によっては、何も言わない（逆らわない）人に対して（理不尽さが）エスカレートすることもあるから、正しいと思ったらはっきり意見を言えと言いました」

その後、被告人は店長と言い争いをし、会社を辞めると言ったが、店長に慰留され、謝罪もされたので辞めなかった。

「3月上旬、店長が不正をしているという話が（息子から）出ました。売上金を自分のポケットに入れているというので、そんなことを簡単に言うもんじゃない、根拠があるなら社長に報告するのがおまえの義務だ。そして、自分はそのことを忘れろと言いました。息子は社長に相談したようですが、その後も悩んでいました。4月に入るとおかしくなった……と言いますか、口数が少なくなって、すぐ自室にこもってしまうようになりました」

このあたりから眠れなくなっていたようで、通っていたフィットネスにでも行けと声をかけても、眠いから行かないと答えたそうだ。ショックだったのは、前兆といえるのはほとんどこれだけだったということ。被告人をもっともよく知る家族でさえ、息子の言動を危惧するのは直前のことなのである。

弟に突然電話して「おまえはヤクザか」と問いつめる。フィットネスに行ったはずがすぐ戻り「周囲の目、人の気配が怖くて入れなかった」と理由を述べる。母親が心配し、精神安定剤を1錠飲ませたが改善せず、翌日出かけたフィットネスでもジャグジーだけ使って早々に帰宅。これが事件の前日のことだった。

「夕食時は青白い顔、頬もこけまして、下を向いて一言もしゃべらず、食べない。食後も部屋に行ったかと思うとすぐ居間に戻り、マッサージチェアなどでじーっとして、話しかけても答えない状態でした。独り言で、日本は終わりだ、悪いヤツが……、幹部が、組織が、俺は実務をやるなどと言っていました」

裁判員たちが話に聞き入っている。リードに徹して父親にしゃべらせる、紳士的な弁護人の振る舞いが生きる場面だ。これだよこれ。報告と肉声は違う。肉声は理屈を超えて聞く人の心に侵入し、琴線に触れ、考えを深める材料になってくれる。

被告人はそのまま一睡もせず仕事に出かけ、事件を起こしている。たしかにおかしい。思いつめている。不眠対策として薬を与えたが良化せず、家族は気をもんだはず。父親は、仕事に行かせるべきではなかったと後悔の言葉も口にする。でも、実際には休めとは言わなかった。様子はおかしいが、ものすごく異常で明らかに精神状態がおかしいとまでは思わなかったということだろう。

事態の深刻さを見抜けなかったからなのか、日頃のマジメさへの信頼感からか、それとも症状としては軽かったと見るべきなのか。

いまこうして過去を振り返り、起きていたことをまとめて聞くとき、常識人なら思うだろう。被告人は心の中で、何かに追いつめられていた。程度はさておき、それは間違いないと。

▼〝ロンより証拠〟の被告人質問

後半のハイライトは、なんといっても3日目（罪体・取調べ状況）と4日目（情状）、計4時間ほどの被告人質問だった。言い換えると、証人尋問以外はよく言えば穏やかで紳士的、悪く言えば細かいやりとりの連続でやや退屈な進行。有罪か無罪かを印象づける決定的なものもなかったので、必然的に被告人質問に期待するしかなかったのである。

被告人は雄弁だった。2つの意味で。

ひとつは、文字通りよくしゃべるということである。

たとえば弁護側の被告人質問で高校卒業後のことを訊ねられれば、浪人したが大学へは進学せず広島で就職、その後自衛隊に入隊したりいくつかの職を経て卵の配達をするようになったことを、トツトツとしたしゃべりながら時系列に沿って話す。本件を起こすまでのいきさつについても、父親の証言と矛盾することなく、当時を振り返ることができる。これらはちゃんと客観性がある証拠で、心神耗弱から脱したことを物語っていた。

ふたつ目は、唇をすぼめて突き出す独特の表情やしゃべり方、細かい動作、何度も質問を聞き返してなるべく正確に答えようとする態度である。

聞いていて、この人はマジメな性格なのだろうなと思わずにいられない。パチンコが好きで、負けて借金をこしらえたとき、このままではダメになると父親に打ち明け、キャッシュカードを預けたエピソードからは、一途なだけに歯止めの利かないところが浮き彫りにされるし、円満な親子関係が想像された。それらは事件当日の行動とは直接関係がないけれど、人柄のにじみ出るもの。見る者、聞く者に与える情報量は膨大だ。

そんな被告人が訊かれるたびに何度も、真剣そのものの口調で力説するのである。

「卵の配達という仕事の裏に、私の知らない大きな組織が関係し、大きな利権が絡んでいて、それらが裏で動いている。私が考えている大きな組織は、見えない形で深く浸透し、利害関係があって……。ようするに、私が配達することによって取引が成立すれば、裏でも何かの取引が成立すると考えていました」

なんか大変なことになってる。うまく配達できないと取引が不成立に終わり、被告人に災いが起きる仕組みらしい。

「卵の配達には意味があり、遅れたりすれば殺されてしまうのです。営業先の店というのは、開店前の店内に入れば密室ですから、私が何らかの行動をして(失敗し)、殺されても誰にもわからない、死体は片づけられると考えていました」

日々命がけで働いていたんだ、この人は。

出たよ謎の陰謀説。不謹慎だがおもしろい。しかも、大きな組織、利権、卵、抹殺までキーワードは数あれど、いくら聞き込んでも具体的なことがわからない。この妄想としか思えない話の中心にいるのは被告人。自分のいる世界は、卵をきちんと配達することにより、かろうじて保たれていることになっている。

ぼくは好印象を抱いたなあ。人間の基本的な部分で邪悪なところを感じなかった。そして、それは判決に与える影響においても決して小さなことじゃないと思う。こんな無意味なウソはつこうとしてつけるものではないからだ。


通常の裁判において、根拠のない感覚的なところは軽視されがちだ。裁判は証拠を争うもので、情状部分はまぁ、犯した罪に科せられる量刑を引き下げる際の、引き算に使われることが多い。やったことは悪いが、そこにはこれだけの事情があったとか、同情すべき点も見受けられるなどだ。

しかし、今回の事件、通常とは違うのである。被告人そのものに加え、心神耗弱というわかりにくいものが相手になるのだ。

目の前にいる被告人は、巡査をはねて引きずったけれど、そのときの被告人はいまの被告人とは別人格であって同一とはいえず……禅問答みたいだが、裁く側は想像力の翼を広げ、自分が経験したことのない精神状態を思い描かなければならない。

はっきり言って、裁判員には荷が重い作業だ。本人が覚えてないことについて、自転車の位置がどうのと問い詰めたって(しかも鑑定人によって見解が違う)さして説得力はなく、判決を考えるための材料が不足気味。

確かなことは、覚えはないが客観的に鑑みて自分は罪を犯したのだろうと認めている被告人が目の前にいることだけだ。彼は誠実に答えようとしているように見える。精神科医に相談し、いまでは正常であると

裁判員たち
数の優位を生かせるか!?
理知的
無関心?
それなりに…
前向き
熱心!
ヤル気なし

プロ裁判官は検察寄り?

のことだが、答弁はまだ危なっかしく、事件当日はさぞかしテンパっていたのだろうと思わせる佇まい。すべてを正直に語っているかはわからないとしても、ある程度は信じていいのではないか。

▼かろうじて付いた執行猶予判決

被告人の強い個性が生きる展開になってきた。

検察官はさっぱり突っ込んだ質問をせず、責めあぐねている。小林弁護士と田岡直博弁護士は一貫してソフトなムード。弁護人が目立とうとしない分、被告人に注目が集まる。作戦だとしたら功を奏している。それに加えて今回は、裁判員がいい。材料が足りないなら手がかりを探そうとばかりに、両端に座る20代か30代前半の女性たちが積極的に質問をしてくる。20代とおぼしき若者も真剣な顔で聞き、疲れを見せない。ほかにも質問する人がいて、盛り上がりに欠ける公判を、彼らの熱意が支えている感じがした。

傍聴席にいて、もっとも嫌な存在は、傍聴マニアが危惧したT裁判長だ。この人はやけに気が短いのか、開廷時間を守れないのがまず困る。開始時刻より早く始めたがるので、ギリギリにやって来た傍聴人が皆驚いている。また、検察官であれ弁護人であれ、質問中の介入が多い。しかもしつこくて、被告人が何度も、目の前に巡査がいた記憶はないと言っているのに、ねちっこく聞き直してみたりする。公判を自分の裁きたい方向に持っていきたいのか、似たシーンが何度もあった。我こそは正義なり、と思い上がっているのだろうか。こんなに仕切りたがりの裁判長だと、評議で自由な意見が出しにくくないか、有罪&実刑の方向に誘導するんじゃないかと、余計なことまで考えてしまう。

被害者が〝身内〟なのも関係があるのか、検察官の求刑は6年と重かった。

一瞬だけ驚きの表情を浮かべた小林弁護士が最終弁論に立ち、事件当日の被告人の行動を確認するように、説明し始めた。

キーワードは〝常識で考えて〟である。

「常識で考えて、被告人の行動は殺意ある者のとる行動だと思いますか？」

思わない。免許証を預けた状態で発進して卵を届けたり絶対しない。何かにぶつかった（くらいの認識はあった）のも気にせず、全力で会社に戻ったりもしない。どう考えたって、犯行時の被告人は異常だった。（心神耗弱者が正面に巡査がいるのを承知でクルマを発進させたとしたら、殺意があったと認められても、より異常性が高いことになり、病気の影響が強くなる。どっちをとっても有利に使える。

検察官の根拠を弱めるため巡査の証言への疑問点を提示し、推定無罪の原則を念押ししてから、もっとも言っておきたいことをぶつける。

「疑問は残らないでしょうか？（検察官の言い分に）疑問が残れば殺人未遂で有罪にすることはできません。仮に有罪にするとしても、刑の執行を猶予すべきです」

なんと、無罪のゴリ押しではなく、執行猶予を提案？

現実路線への切り替えかどうか判断しかねたが、傍聴弁護人もそう思っていただけに、ナイスジャッジと言いたい。この裁判、途中から話が堂々めぐり。正常じゃなかったけど、はねた瞬間、殺意があったとも言えるし、なかったとも。そんな段階から先へ進まなくなっている。

また、本来はめでたいことなんだけど、被告人が事件時とは別人のように正常であることも有利には働きそうにない。無罪にして治療を受けさせる選択肢がないのだ。裁判員が好意的でも、6人中5人が無罪にすると考えるのは、あまりに楽観的。それらを総合的に考えあわせると、ぼくは有罪となる確率が高いと思う。

情状を認め、執行猶予付判決を求める。弁護人にとって常套句ともいえる言葉だが、実刑にも無罪にもしにくい裁判員にとっては適切な落としどころとして聞こえるだろう。静かな弁護だっただけに、最後の言い切りは効く。

判決は殺意を認めて懲役3年、執行猶予5年だった。押し殺していた息を吐く音が法廷内にじわっと漏れる。

T裁判長が説諭（判決後の被告人への語りかけ）もなく閉廷したところを見ると、不満だったのか。刑期を短くするだけじゃなく執行猶予を付けることを、評議の席で多くの裁判員が主張するシーンが脳裏に浮かんだ。

被告人はマジメ人間。卵を配達しないと殺される妄想から解放されたいま、再犯のおそれは限りなく低いし、反省もしている。家族も協力的だ。同居する父母や、仲のいい兄弟が、被告人を見守っていくと約束している。巡査はケガをしたが命に別状はなかった。1ヵ月半の通院をしたとはいえ、重傷とはいえない。裁判員の心理として、被告人を自由の身にして困る人がいないというのが執行猶予を付けるうえでの決め手だったと思う。

生真面目な被告人は裁判官の素っ気ない態度を気にするそぶりもなく、裁判官と裁判員が扉の向こうに消えるまで、深々と頭を下げたままだった。

「悪くても執行猶予を付けるのが目標だったので、一安心しました。求刑が6年だったので、弁論の後に情状立証でやり残したことがあったのではないか、と不安だったんですよ」

判決の後、両弁護士に感想を求めた。

小林弁護士は、評議後の入廷時、裁判員たちのやり切った顔を見て、実刑はないと意を強くしたそうだ。そうだよなあ。個人的な満足度はともかく、固唾を呑んで判決を待つ家族を前にしたら、遠い無罪より近くの執行猶予だもんなあ。

サポート役に徹した田岡弁護士は、本気で息子を案じる両親と、それを受け止め反省する被告人の姿が、裁判員に届いた結果だと考えている。

「病気になる可能性は誰にでもあるはずです。そのリアリティをどこまで感じていただけるかが勝負だと思っていました」

最低限の責任は果たした。ふたりに笑顔はないが、ホッとした気配はあった。自分たちの最大の武器である家族愛を裁判員に理解してもらうための一歩引いた戦い。その妙を見せてもらった気分だ。

弁論よりも何よりも、被告人そのものこそが裁判の主役。この事件は、つい忘れがちになるそのことを、ぼくに思い出させてくれた。

裁判員は連続強姦魔を更生可能と見なすか

■住居侵入、強姦致傷事件■

▼強姦は特殊な犯罪だ

弁護人の気持ちになって傍聴していると、裁判における〝勝利〟とは何かを考えさせられる。不利な状況を逆転して無罪を勝ち取る。これぞ刑事弁護人にとって最高の勲章なのはいうまでもない。圧倒的に有罪率が高い日本の裁判では、無罪判決未経験者だってめずらしくないのだ。丁々発止のやりとりで検察官が出した証拠が信用できないことを示し、被告人の疑惑を晴らすことは、冤罪をひとつ防ぐことでもある。

執行猶予を得るのも腕の見せどころだ。被告人にとって、実刑と執行猶予では雲泥の差。重い求刑に対し、弁護人の主張に近い軽い判決で決着させるのも、これまた実質的な勝利と言っていいだろう。

幸運なことに、ぼくは無罪判決、執行猶予付判決と立て続けに遭遇できた。弁護人が全力で取り組み、持てる技術を駆使すれば道は開ける。裁判員裁判、捨てたものではない。そうも思った。

だが、こういうケースは稀なのだ。全面否認、あるいは一部否認でも争点が多岐にわたれば論点を絞り込んでの弁論ができるが、被告人が全面的に罪を認め、量刑の落としどころだけが争点となるケースが実は多いのである。

今回取り上げる住居侵入と強姦致傷事件がその典型だ。スケジュールを確認すると、審理は2日間で、3日目に判決。裁判員裁判で計3日間は、ほとんど争点がないから組めるスケジュールであることを意味する。

被告人は罪を認める。裁判員たちの仕事は量刑をどうするか決めること。重罪とあって執行猶予は望めないから、弁護人の仕事はいかにして求刑より少ない判決に持ち込むかだが、言うは易しだ。裁判員裁判になってから、性犯罪や子どもの虐待などに関する事件は判決が重くなったといわれているし、なかでも強姦は極悪非道なイメージである。

仕事としてのやりがい、なんて、裁判に持ち込んではいけないだろうが、それにしてもなあ。担当する竹内明美弁護士と贄田健二郎弁護士は何を目標とするのだろう。モチベーション、保てるのか。

強姦にも程度の差があり、女性は襲われたと言い張るが、男は合意と思っていて寝耳に水の逮捕、なんてこともある。男女が知り合いだったり、恋愛感情が絡むケースでは、どこまでが合意でどこからがレイプなのか判断が難しい。

かつて、飲酒して雑魚寝しているときにレイプされたと女が訴えたものの、示談金目当ての言いがかりと判断され、無罪判決が下された裁判を傍聴したことがある（痛恨の判決見逃し！）。だから強姦のすべてが鬼畜な事件とは言えないが、なにせ今回は罪を認めている。何らかの方法で部屋に入り、嫌がる相手を犯したのは確実だろう。

裁判員の被告人を見る目はシビアだと予想される。被害者と同性である女性裁判員はもとより、男性裁判員からの同情も得にくいはずだ。なぜなら、知らない女性の家に侵入して嫌がる相手と性交することは、あらゆる犯罪の中でも屈指の、自分にとってありえないことだからだ。

ぼくはときどき読者から、性犯罪者に甘いのではないかと言われる。許すつもりはないのだけど、常習者でなければ、下半身を開陳したり、魔が差すようにチカンしたくなる気持ちは想像できなくもないので、やったことのみを取り上げて全人格を否定する文章は書けないのである。

でも強姦と幼女に対する性犯罪は別だ。両方とも被告人に気持ちを重ねていくことがまったくできない。イメージとしては〝欲望のままに突っ走るブレーキの壊れた車〟であり、〝被害者の心や身体にどんな傷を与えても知ったこっちゃない〟人でなし。別角度からの印象としては、〝何があろうとこれだけはやらない〟タイプの犯罪だ。これ、ぼくに限ったことではなく、多くの男性に共通する気持ちじゃないか？

自分自身が被害者になる可能性のある女性は強姦犯を憎むが、自分自身が加害者になる可能性を見出せない男性は強姦犯を理解できないのである。ではどうするか。恋人が、妻が、娘が、強姦やイタズラされたらと考え身震いし、許せん！　と思うのだ。

だから、ぼくが裁判員なら情状面でもキビシいっすよ。女に振られただの金がなくてフーゾク行けないだの、聞く耳持ちません。弁護人がいくら熱弁しようと、そこのところは動かない。考え方は人それぞれだろうが、男女の区別なく、裁判員が許せない気持ちを昂らせて法廷に現れると思ったほうがいい。

そんな事件を弁護する。苦戦必至である。サッカーで言えば5点ビハインドで試合が始まるようなもの。弁護人としてはたとえ1年でも求刑を下回ればまずまずの結果ではないか。ぼくならそこを目標に置く。そのためにどうしたらいいかを軸に、弁論を組み立てようと考える。

現実的にはまず反省。反省に次ぐ反省だ。そして、できることなら更生の可能性が高いことを裁判員にわかってもらう。う〜ん、でもそれには被告人が本気で反省し、病的な性犯罪者ではないことが前提になるな。いくら弁護人が被告人の代理人だとしても、できることとできないことがある。反省知らずで、こいつまたやるなって男だとしたら、仕事だからと妥協して〝安全宣言〟していいものかどうか。このあたりが弁護人のつらさだ……わかりもしない弁護人の気持ちを代弁するのはやめろ！

初公判の午前10時、竹内・贄田両弁護人は落ち着いた表情で席に着いていた。その隣に、頭を丸刈りにした被告人がやって来て腰を下ろす。丸刈りは、反省の意を示すお馴染みの方法である。ほどなく裁判官と裁判員が入廷。起立、一礼を終えたところで裁判長がマイクに口を近づけた。

「では開廷します。被告人、前へ出てください」

裁判では冒頭陳述の前に、裁判長から被告人に対して、起訴事実の確認をする。これこれこういう容疑であなた（被告人）はここにいるのですが間違いありませんかと尋ねる。無罪を主張するなら「事実ではありません」、一部否認なら「ここについては事実と違っています」、認めるときは「間違いありません」。試合開始前のセレモニーみたいなものだから、日頃は冒頭陳述に備えてメモ帳を開き、態勢を整える時間だ。

だが、今日は思わず声が出そうになった。え？ そんなにひどい事件だったのか……。

▼18日間に4人を襲った強姦魔

どうして被害が1件だと早合点したのだろう。被告人は連続強姦魔だったのだ。

毒牙にかけた女性は4人。いずれも20代から30代前半で、被告人（33歳）の同世代か少し下。その間わずか18日間の獰猛過ぎる犯行である。被告人サイドが全面的に認めているので、検察官の話から事件を振り返ってみよう。

ちなみに、モニターで証拠写真などを見せながら事件の概要を説明したのは女性検察官。被害者が女性の性犯罪者の裁判では、ほぼ確実に、検察官チームに女性が入る。裁判員裁判以前は、女性検察官が容赦なく被告人を責め立てる場面をたくさん目撃したが、裁判員裁判開始後は怒りをあらわにすることが激減している。


【第一の事件】

ある年の夏、人通りのない深夜の路上で、被告人は自転車に乗っていた被害者Aさんをいきなり拳で殴り倒し、「金を出せ。騒ぐな、殺すぞ」とすごんだ。刃物を持っているかもと思ったAさんは財布を差し出す。

が、被告人は金を盗らずにAさんの携帯電話をバキッと折り、神社の境内に連れて行くと、通りからは死角となるトイレ前のスペースで仰向けに押し倒す。

カーディガンをまくり上げ、布地で顔を覆われた状態にして頭の上で両腕をテープで縛り、ハサミで切り裂いて衣服を脱がせ、両膝もテープで固定。「感じてるか」などと言葉をかけながら挿入し、膣内に射精して事を済ませると「5分間動くな。戻ってくる」と言い残しそのまま逃走。Aさんは近所のおばあさんの家に逃げ込み、そこから110番してもらい、病院に搬送された。ケガはあったが、不幸中の幸いで妊娠はしなかった。


【第二の事件】


4日後、被告人はまた行動を起こす。前回同様、深夜3時半頃の犯行。ここから住居侵入して暴力で脅し、縛り上げてレイプするパターンを繰り返すことになる。

被告人はコンビニ帰りの被害者Bさんがドアを開けて荷物を置き、鍵を閉めようとしたとき強引に入り、まず殴りつけた。

「静かにしないと殺すぞ。俺は仕事がないんだ。わかるだろ」

気丈なBさんが脅されても声を上げ続けたところを何度も殴り、今度はこう言う。

「騒いだら整形しても元に戻らないくらいボコボコにしてやる」

目と口をテープで塞がれては、抵抗するより命を守りたいと考えてしまうのは自然なことだ。よほど好きなのか、ここでも縛ってからハサミで服を切り裂いている。それから部屋にあった電動マッサージ器やバイブを使ったばかりか持参したローターでもBさんをいたぶった挙げ句、強姦。またしても膣内射精し、あろうことかシャワーまで使って引き揚げている。滞在時間は1時間近くに及んだ。顔が腫れ上がったBさんのケガは全治約1カ月だった。

【第三、第四の事件】

Cさんと Dさんの犯行現場も第二の事件の近くである。Cさんは始発電車で帰宅した明け方襲われた。その3日後に被害を受けたDさんは、自転車で帰宅中に後をつけられ、気味悪くなってやりすごしたものの、被告人が素早く戻ってきて部屋に入られた。

いずれも犯行の手口はBさんと似通っており、殴りつけ、脅し文句、ビニールテープやガムテームでの目・口・手足の縛り、ハサミでの衣服切り、避妊せず射精、目的を達したらシャワーを浴びる、手足のテープだけ切って逃げるなど共通項がたくさんある。

4名中最も激しく抵抗したCさんはひどい扱いを受けたうえ、肋骨まで骨折させられた。捕まったのはDさんを襲った1週間後。深夜、獲物を物色中、警戒中の警察官に声をかけられてのものだが、それがなければまだまだ犯行を重ねてい

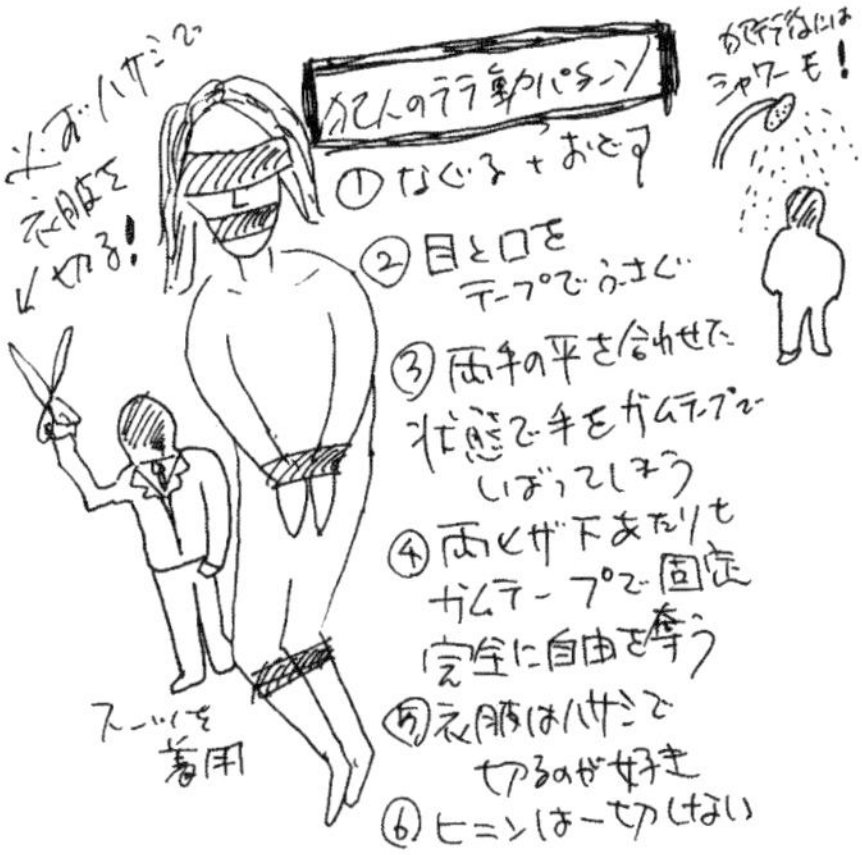

ただろう。

ふー。メモを取りながら、だんだん気持ちが荒れてくる。

目の前の被告人は無表情。連続強姦魔は反社会的なモンスターのはずなのに、見た目は異様な感じもせず、怖くもないのが逆に不気味だ。

淡々と読み上げられる女性検察官の声を聞きながら思ったのは、完全に調子づいていたなってことだ。タフな投手じゃあるまいし、中3日や4日で〝登板〟しまくってどうする。しかも2人目以降はエリアも限定。時間も深夜3時以降から早朝にかけてだし、手口も判で押したように流れが決まっている。犯行が発覚しにくい夜更けに、ひとり暮らしの女性を狙い、拘束して犯す。そのためにテープ類を持ち歩き、残業が終わった後の帰宅途中に夜な夜な徘徊を繰り返していた。

計画性があるわりに、手がかりは残す。顔を見られたり、いつもスーツ姿だったり、使ったテープをゴミ箱に捨てて帰ったり、捜査される可能性が考えに入っていない。たっぷり脅せば通報されないと考えていたのだろうか。俺はレイプの帝王だぐらいに自信満々だったんだろうか。

シャワーを浴びて去っていくのも不可解だ。本人によれば、そのまま帰宅するのは気持ちが悪かったらしいが、気持ち悪いのはアンタの無神経さだと法廷内の全員が思ったはず。そんなことをすれば髪の毛などの証拠が残るかもしれないとは考えないのか。無防備過ぎないか。そのくせ犯行後に写真を撮る振りをしてみたり暴力団との関係を匂わせるなど、姑息な口止め工作には余念がない。

このように、被告人は世間をなめた行動が多い。アダルトビデオの影響なのか、強姦された女は恥ずかしさから警察に通報できないものと決めつけているフシさえある。実際には4人、被告人に余罪がないとしてのことだが、すべての被害者が警察に通報しているのだ。

犯行のひどさに、被告人を罵倒してしまった。これではいけない。どうしようもない被告人でも、情状酌量の余地を求め、代理人として何ができるかを考えなければならないのだ。

予想される求刑は20〜30年だろうか。20年と30年では10年もの開きがある。お好きにどうぞとあきらめるわけにはいかない。

▼一方的に検察官から攻め込まれた

これだけ悪い材料が揃っていれば、弁護人の出方は2種類しかない。皆が持つ嫌悪感が必要以上に蔓延しないよう、裁判員が果たすべき職務を謳い、余罪の推論などをさせないよう努める前向きな形。刺激的発言を避けて認めるべきところを認める穏やかな形。いずれかである。

弁護人たちの選択は後者のようだった。冒頭陳述で、竹内弁護士は被告人がやったことをまず認め、謝罪文・反省文の存在、家族が更生を支える覚悟をしていること、弁償のための資金を集めたこと、精神科医に相談をしたことを考慮のうえ、量刑を判断してくださいと述べた。

裁判は証拠を争うものだが、法廷の空気や裁く側の感情も影響しないとはいえない。竹内弁護士の方法はインパクトこそないが、場を落ち着かせる意味でよかったし、無駄なあがきをしないと全員がわかったのではないだろうか。

被告人質問でも、竹内弁護士は上司のコメント、被告人の父からの３５０万円預かり証、反省文の読み上げまで、言い訳と受け取られないよう細心の注意を払って質問し、答えを引き出していた。贄田弁護士も一貫してソフトムードに徹し、被告人も（少なくともこの法廷では）反省の態度を見せ、言葉を選んで謝罪を繰り返す。

被告人は質問に乗っかるように、仕事のストレスについて聞かれれば、それは誰しもあることで直接の要因ではないと自ら否定する。悪いこととは知りつつ女性をはけ口にしていた、もう一度だけと思いつつ罪を重ねてしまった、家に帰りたくなくて散歩するうち気分次第で衝動的にレイプしていた、逮捕されなければまたやっていたから捕まってよかった……。

「根本的には自分の利己的な考え方と弱さ、自尊心のなさ、冷たさ……私自身の責任だと思います」

事件の詳細を語り、多くの人を裏切ったと涙を浮かべる被告人。子ども時代にいじめを受けていたことを贄田弁護士が持ち出しても、それが原因ではないと否定する姿からは、謹んで判決を受け入れようとする姿勢さえうかがえ……ないんだなぁ。

この期に及んで演技してると言いたいんじゃない。破綻なく進んだ被告人質問は、概ね成功で弁護人にはミスなどなく、悪魔的だった第一印象を、被告人だって人間なんだと再認識させる働きがあったと思う。

しかし、事実がそれを上回ってしまった。

レイプ魔と化していた時期に、被告人は婚約者と同居生活を始めたばかりだったのだ。それってどういうことなんだと、法廷の誰もが疑問を持ってしまい、疑問が解決されないまま話が進んだために、どこか消化不良なまま質問が終わってしまった感じだ。

この疑問に答えを出し、短時間で最大の効果を発揮したのが検察官の被告人質問だった。

そりゃそうだよなあ。罪は認めている。証拠は上がっている。取調べは自分がやっている。裁判官や裁判員の気持ちもこっちのもの。余裕しゃくしゃくで被告人への挨拶から開始。

「○○くん久しぶり！」

いきなりこれだ。友だち口調っていうんですか、取調時、最初は否認したことや、認めてからも2件しかやってないと逃げていたことなどを、テンポよくぶつけるものだから、被告人もつられるように答えてしまう。聞きようによっては嫌みなのだが、話が具体的で知りたかったことばかりなので聞き入ってしまうのだ。

その結果、被告人の反省度合いはたいしたことないな、Aさんのときにビニールテープを持っていたのは偶然じゃなさそうだな、と被告人の印象が振り出しに戻ってしまう。

きわめつけが同居相手との性生活。不利になるので、弁護人が避けて通る質問を平然とぶつけてきた。

「性行為はあったの?」

「はい、週に1~2度ありました」

「強姦をしていた間は?」

「(回数減ったが)少しはありました」

どうしてそんなことができるのか。誰もが被告人と自分の間に立ちふさがる壁を感じた受け答えだった。

「彼女と性行為をするとき縛ったりしてたんじゃないの?」

「ふざけて手首を縛ることはありました」

「そういうやり方が好きなの?」

「たまにする分には(好き)」

どうしようもない。これを聞いて、Aさん強姦時については否定していた計画性について、裁判長が怒りの発言だ。

「Aさんを殴ったときから強姦しようと思ってたんでしょ? 神社の前で殴ったのは、神社の中に連れ込むつもりだったからじゃないんですか」

さらにはこうだ。

「性欲が異常に強いの?」

心証は最悪。無期懲役まで求刑されるとは考えていなかったが、そうなったとしてもおかしくない雲行きだ。

これは裁判長の皮肉であって真意ではないと思う。性欲だけの問題なら風俗店でも解消できる。SM趣味を満たすクラブもある。ポイントは〝異常〟という言葉。ここから連想されるのは〝病的性犯罪者〟。裁判長は、〝自分の意志ではやめられないんじゃないの？〟と匂わせたのだ。またやりかねないな。全員がそう感じたのではないか。

積み上げた小石を、ブルドーザーでガーッと持っていかれたと言おうか、検察官のシャープな質問と裁判長のダメ押しで、形勢は悪くなるばかり。

初日はこれにて閉廷となった。弁護人、早くも土俵際。ここから巻き返せるのか、不安が募る。

▼被害者参加裁判のものすごい説得力

2日目、弁護側の証人として被告人の母と精神科医が出廷。それぞれ、よどみのないコメントで意思をはっきり示した。

証言台の母に、竹内弁護士が尋ねる。

「被告人に面会したとき、どんなことを話しましたか？」

「被害者にどうお詫びするか、どう償っていけばいいかということです。それから、私、お父さん、弟の気持ちを伝え……力を合わせてがんばっていくからねと話しています」

事件については、息子を庇う素振りを出させない。

「本当に、被害者とご家族の方に申し訳なく思っています。もし自分に娘がいて、こんなことになったら（加害者を）殺してやりたいと……そう思います。被害者の家族に（自分が）刺されてもしかたないと思っています」

涙ながらに言い切った。賠償のため、老後の蓄えと保険解約で３５０万円用意もしている。

「少ない金額ですが、受け取っていただければ」

親バカと言われようとも、この人は何があっても息子を見捨てないだろう。

精神科医は被告人の責任能力に疑問を呈すのではなく、前頭葉機能障害の可能性があること、性犯罪者には重い量刑を科せばいいのではなく医学的な対応や家族への教育が不可欠であることを述べた。この人は、性犯罪加害者の処遇制度を考える会の代表理事。治療的措置をしなければ、性犯罪者の再犯率は下がらない、という持論の持ち主だ。

精神科医が被告人と面談したのは2回。ほかに書面でのやりとりが3回ある。最初は自暴自棄になってて、謝っても無駄という態度だったらしい。それが徐々に変化し、書面のやりとりでは両親につらい思いをさせたことを何度も悔い、子ども時代の幸福な思い出を語り、物事を深く考えることなく生きてきてしまったと反省する方向へ。最後の面談では、謝罪するしかない、自分を見つめ直す機会になったと語るようになったそうだ。

この証人を呼んだ弁護人のメッセージは何か。被告人は病気だから量刑を軽くすべき、ではない。性犯罪者というものは長く閉じ込めればいいのではなく、いかにして更生に導き再犯を防ぐかを同時に考えていかねばならない、だろう。

この裁判に勝ち目はない。重い量刑が下されることは間違いない。じゃあ、何を目指して弁論するのか。グッド・ルーザー（良き敗者）たるべし、なのだと思う。重箱の隅をつつくような弁論ではなく、誠実に罪を認め、このどうしようもない男の未来を皆で考える機会にしたい。そういうことではないか。

裁判員たちが再犯防止に心を砕いてくれれば……。その結果、量刑が少しでも短く収まれば……。金銀飛車角なんでもござれの検察官相手に〝歩〟のみで活路を見出すには、この一点に賭けるしかないじゃないか。

しかし、弁護人の努力も、リアルな証言の数々で粉砕されてしまうのだ。

今回の裁判は被害者参加制度が使われ、検察官の背後に衝立が置かれた状態で行われていた。衝立があるということは、原告代理人の弁護士だけではなく被害者が証言すると考えられる。

2日目の午後、休廷明け。証言台まで衝立が延び、検察側証人が登場した。AさんとBさんだ。被害者自ら、しかも2名が証言台に立つのだ。

圧倒された。新事実が明かされたわけではない。被害者自身の口から犯行が語られることにドギマギしたのでもない。そこにあるのは本物の怒り。人生をぐちゃぐちゃにされた人の生の声だった。

被告人の大胆さ、冷酷さ、自分勝手さが、これまでの何倍にも増幅されて届く。それまで被告人のほうをあまり見ようとしなかった女性裁判員2名が、しっかりと証言台を見つめていた。

「本当に（被害者は）4人だけだったのか、疑ってしまいます」

Aさんの発言に、皆が心で「うむ」と答える。

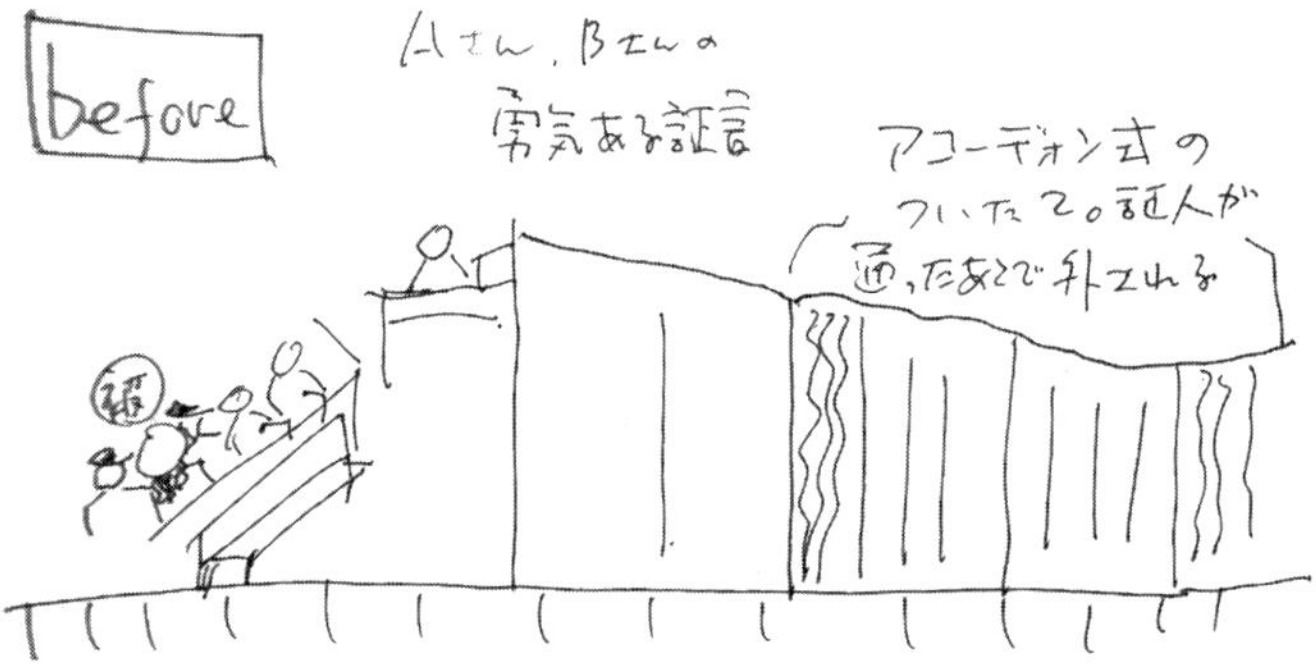
before
Aさん，Bさんの
勇気ある証言
アコーデオン式のついたて。証人が通ったあとで外される
被

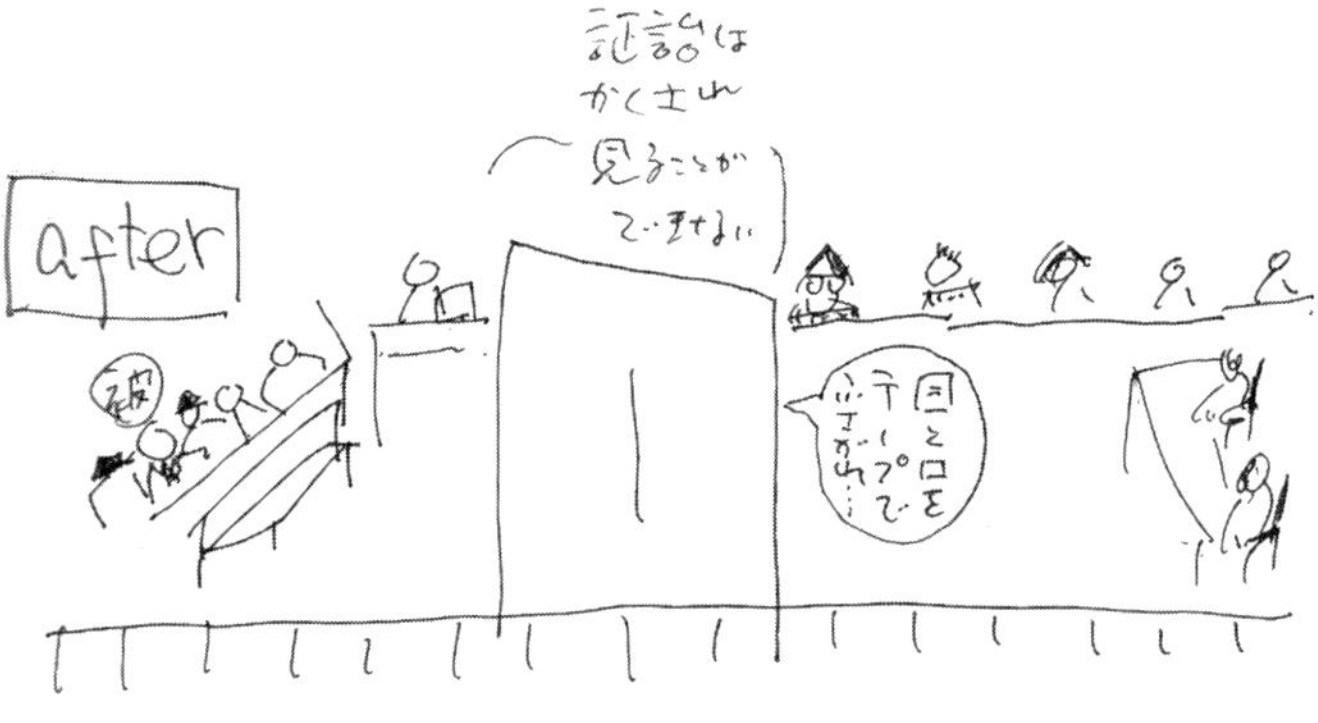
after
証言は
かくされ
見ることができない
目と口を
テープで
ふさがれ…
被

「私たち(被害者)がどれだけの恐怖を感じたか……。今回のことで私と家族の人生は大きく変わりました。一生、刑務所に入っていてほしいです」

入れ替わって今度はBさん。

「被告人がいかに悪質で卑怯か知ってほしくて私はここに来ました。そのときの私の驚きと恐怖を想像してみてください。…(略)…私はレイプされている間、妙に冷静でした。極限状態の人間は、生き延びるためにこうなるのかもしれません。男は犯行中ずっとしゃべっていました。(私を)メス豚と呼びました」

裁判員の視線が被告人へと動く。そして、とどめだと思ったのは、Bさんが事件後、仕事を続けられなくなり、肉体的・精神的なダメージから立ち直れないまま自己破産、生活保護受給者になってしまっている事実である。強姦のもたらす被害の深刻さ、根深さを、これほど具体的に物語る話はちょっとない。

そして、あらためて思うのだ。4人の女性には一切非がないことを。

彼女たちはその日たまたま帰宅が遅くなった。仕事だったり友人と飲みにいったりして、あとは家で寝るだけのはずだった。買い物をしたコンビニ店から跡をつけている男がいるなんて、誰だって想像しない。帰宅してホッとした瞬間、閉めようとしたドアから強引に侵入した見知らぬ男に殴られ、テープで視界を遮られ、言葉を奪われ、強姦され、消えない傷が残る。

Bさんは冷静さを保てなくなってきたのか、感情を込めながら言葉をつなぐ。

「証言することを決めたのは、裁判に行かず(結果を)聞くだけでは参加したことにならないと思ったからです。事件記録を読むのはつらかった……。それでも私はがんばってここにいます。被告人は、決定的証拠がなければ否認していたでしょう。反省文も、弁護士に言われて書いたんでしょう。社会に戻したら危ないです。裁判員の皆さん、私たち被害者の気持ちに立って判決を考えてください。よろしくお願いします」

涙ながらの訴えに、どんな弁論が太刀打ちできるというのか。人は感情の動物で、いくら理屈を説いてもどうしようもないことがあるのだ。

反省したからどうだというんだ。賠償したって人生は元へは戻らない。被告人は4人、いやおそらくもっと多くの女性を襲い、相手がどうなろうとかまわない態度をむき出しにして快楽を貪った。

更生のチャンスをくれ？　これほどの悪人が短期間で心を入れ替えたりできるだろうか。無理ではないか。出たらまたやる可能性が高いだろう。長く刑務所に入れるしか現実的な手立てはないだろう。

傍聴席からは見えないが、裁判員はAさんBさんと向き合っている。彼女たちの悔しさが裁判員の心を動かし、判決に結びつくのは、善し悪しは別として自然なことだ。

Aさん Bさんの勇気と、法廷に足を運ぶべく説得した検察官に敬意を表したくなった。傍聴弁護人がそんなことではいけないのだが、悪いことは悪いのである。ここまできたら、弁護人にできることは、〝言葉のリンチ〟にさらされることから被告人を守り、最後までフェアプレーに徹すること。自らの主張を曲げることなく述べ、判決を待つことだけだ。

▼15年の隔たりを裁判員はどう見るか

論告は短くまとめられ、求刑は有期刑の上限である30年だった。最終弁論で弁護人が適切な長さとして口に出したのは15年。

弁護人は、犯行は4件であり、疑わしいだけで罰してはなりませんとクギを刺してから、適切な刑とは何かを考えるための大切な、反省、更生の決意などについて話した。

「刑の目的はふたつあります。ひとつは犯した罪の報いとして、ひとつは再び犯さないための罰です。刑務所に長く入れるのがいいことなのでしょうか？　更生のためには、長く入って歳をとると就職しにくく、家族も歳をとります。長くなり過ぎると更生を妨げることにもなりかねないことを、よくお考えいただければと思います」(要旨)

最後に被告人からあらためて反省の弁があり、審理は終わった。

30年と15年。大きな隔たりをどう考えたらいいか。検察官は4件の強姦を超悪質として、有期刑では最大となる年数を出してきた。弁護人は反省と更生への意思を重視し、半分の期間でいいと訴えた。弁護人に求刑する義務はないのだが、数字を出すことで多少なりともブレーキをかけたいとの目論見はあるだろう。

傍聴弁護人のぼくは、15年は言い過ぎな気がした。求刑30年から情状の要素を引き算したとき、20年以下にはならないと思う。15年って、それ本気で言ってるの？　と、裁判員の心のリアクションが聞こえそうだ。弁護人が言うことは正論なのだろうけど、うっかり早めに塀の外へ出したら再犯しかねないと思う率が高い以上、さしたる力を発揮できない。

これだけの劣勢、どんな量刑を提案しても結果は同じだったかもしれないのだが、被告人（というより両親か）に配慮した数字のように感じられてしまった。そこだけが残念だ。

だって、傍聴席でとっさに思ったことは「無期じゃないだけマシかも」だもんなあ。素朴な印象として、求刑が軽い気さえしたわけだ。本来なら無期にしたいところだが、初犯であるなどの情状面を考えて有期刑にした。ただし甘い顔をする気はなく、上限。見事である。大幅に年期を少なくする理由は消え去ってしまった。

30年経てば被告人は60代。体力的にも再犯の可能性は少なくなるだろうし、性犯罪以外の重犯罪に手を出すタイプでもない。

判決は求刑通りの懲役30年だった。

ビタ一文、負けてはくれなかった。キビシいなと感じたが、ぼく自身、今回は一度も「いけそうだ」と思った瞬間がない。

推測だが、評議は順調に進んだのではないだろうか。そう思ってしまうほど、今回の検察官は完璧だった。負けるはずのない戦いでも、手抜きせずに被告人を追いつめ、これでもかと動かぬ証拠を突き出す。

当初はタイミングをみて弁護人に感想を尋ねようと考えていたが、終始真剣な表情を崩さないふたりを見ているうちに機会を逸してしまった。まだ控訴の可能性がある以上、すべて終わったことにならないが、判決直後から胸の内では反省会が始まっているはずだ。

弁護側に立てば完敗だったのかもしれないが、いい裁判を見せてもらった。苦しい場面の連続でも、逃げる姿勢を見せずに正面から受け止めて、最後まで法廷をダレさせなかった。

いかに負けるか、それも弁護人の仕事だ。グッド・ルーザーがいてこそ、裁判は茶番劇にならずに済んでいる。

◉第7法廷

少年はどこで裁かれるべきなのか

■傷害致死事件■

▼量刑は争点にあらず!?

開廷表の被告人名は「C」。少年だから氏名が明かされない。Cは少なくともA・Bの共犯者がいることを示す。いったいどんな事件なのかと傍聴好きの間でも話題になっていた。

今回の裁判のポイントはここにある。被告人は犯行時16歳(現17歳)の少年なのだ。被害者も16歳の少年で、他の加害者も同年代。少年だらけの傷害致死事件だ。

事前に得た情報では、少年院と少年刑務所の違いを理解してもらうべく、弁護人は京都から更生保護の専門家である浜井浩一教授を呼び、証言してもらうそうだ。浜井教授は元法務省職員で、中立的・客観的立場の人だから裁判官・裁判員が偏見を持つリスクも少ない。今回の〝目玉〟ともいえる証人で、狙いはもちろん〝少年院で更生させる〟という判決を得ること。弁護人はそれを目標に裁判全体の作戦を組み立ててくると予想された。

だけどこれ、裁判員にとっては悩ましい裁判になるよ。

被告人は罪を認めているようだから、通常は量刑だけ考えるケース。死者が出ており、それだけでも十分に悩むところなのに、Cを少年院で更生させるか否かまで決めなきゃならないのだ。これは量刑問題と使う頭が違う。弁護人にとっては一貫性のある主張でも、素人からすれば別々のことを同時に考えろと言われるに等しい。

一方で少年法の意義や役割を考えながら、もう一方で事件そのものの吟味をしろって要求。当日の朝まで事件のことなど知らない裁判員たちが、2つのテーマを一度に与えられるのである。しかも、どちらも難度が高いだけでなく未経験なのだ。

審理は4日間。証人多数で、共犯者から被告人の両親、更生保護の専門家まで休むことなく出てくる。素人には荷が重いと思う。混乱のあまりどちらかに比重が傾き、片方がないがしろになったら、被害者遺族も被告人も納得できないいんじゃないか。

だからこの際、少年裁判が絡むものは裁判員裁判の対象としない。そういう考え方も検討に値するのではないかと思うのだが。うーん、例外つくっちゃうと今後に影響出るかなあ。「死刑か無期かの判断はもっと重荷だ」ともなってくるわけだしねえ……長いひとり言はやめろ！

ともあれこの裁判、弁護人は混乱しがちな裁判員たちの頭を解きほぐし、少年裁判のことと事件そのものとをうまく切り離して説明する必要がある。いや、切り離すばかりじゃダメか。関連づける。やったことはこうなんだけど、一般の事件と同じ扱いで考えるべきではないのですよと理解を求める。サジ加減が難

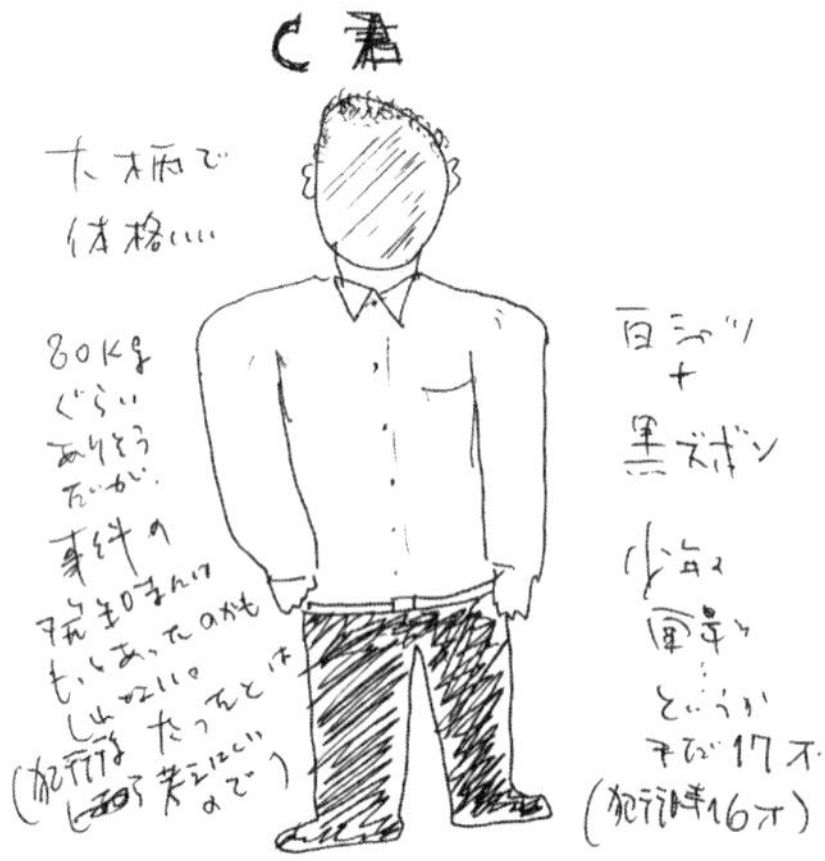

しそうだ。裁判員の感情を揺さぶって情状を得るタイプの裁判ではないだろう。

ではどうする。良心に訴えることでもないし。良識か。社会人の良識。ちょっと曖昧だ。戦術、かなりムズカシい。

開廷時刻の30分以上前とあって、法廷前には誰もいなかった。数分刻みでポツポツと人が増えていく。谷口太規弁護士もやって来た。一緒にいる赤羽悠一弁護士は30代前半くらいだろうか。ドアが開く頃には結構な人数が並び、裁判に対する関心の高さがうかがえる。

Cは体格こそいいが、見るからに少年然としていた。第一印象は図体のでかい子ども。ちょっとボンヤリした風貌でもある。衝立で仕切られるかもしれないと思っていたが、それはしないようだ。少年扱いしないということだろうか。傍聴するにはありがたいが……。

「では開廷します」

裁判長の言葉で幕が開く。裁判員の構成は、男性2名、女性4名。若手から50代あたりまでバランスよく散らばっている。

裁判長の確認に、被告人が「間違いないです。（被害者に）ごめんなさいと謝りたいです」とはっきりした口調で答えた後、谷口弁護士が立ち上がり、裁判員に語りかけた。

「これから4日間よろしくお願いします。この事件は4人の少年によって行われ、それぞれやったことが違います。Cくん（苗字で呼んだが原稿上はすべてCとする。共犯者も同様）については少年法55条を適用し、家庭裁判所に戻し、少年院に行かせるべきだというのが私たちの主張です」

通常の刑事事件と思い込まないでくださいね、との牽制球だ。対する検察官も冒頭陳述の初っぱなでこう言い切り、受けて立つ構え。

「公訴事実には争いがありません。どのような処分がふさわしいかが問題になっています。本件は刑事処分か保護処分か、刑事処分ならどの程度の量刑かが焦点となります」

マンガだったら両者火花を散らす場面だ。でも、裁判員たちはそんな複雑な裁きを任せられても、という表情。ぼくも同じ気持ちだ。自分の気持ちが今後どちらに振れるか予測がつかない不安さもある。

弁護人のスタンスは、そもそも本件を地裁で裁くのはおかしい、である。そこを考えるためには少年法55条を知っておく必要があるだろう。

【少年法55条】裁判所は、事実審理の結果、少年の被告人を保護処分に付するのが相当であると認めるときは、決定をもって、事件を家庭裁判所に移送しなければならない。

加害者が16歳以上であれば、被害者を死亡させたケースは家裁から検察に送致される。で、保護処分と認められれば家裁の案件となって、有罪が確定すれば少年院に送られる。

難解なのは、条件がはっきりしないことだ。家裁か地裁か、確固たるルールは存在しない。じゃあどうやって決めるかといえば、事件ごとに地裁の判断で決められているのだ。

▼リンチ事件の詳細

事件は2012(平成24)年4月、深夜の公園で起きた。被告人と仲間3人(ほかに手を出さなかった少年1名もいた)が、被害者の少年に対し、顔面、頭部などを拳、足、ヘルメット、傘で殴ったり蹴ったり、リンチにかけたのだ。

意識不明に陥った被害者は、病院に運ばれたもののクモ膜下出血などのため死亡。死因としては顔面を殴られて仰向けに倒れたとき、後頭部を強打したことが挙げられているが、ほかにも打撲傷があちこちに。暴行は約38分間に及び、無抵抗の相手に執拗に続けられたという。

犯行までの経緯は以下のようなものだ。

被害者と犯行グループは以前からの知り合いだったが、被害者は主犯格の少年(Aとする)を避け、Aと仲のよいCからの電話にも出ないようにしていた。自分の友人にも居場所を知らせないよう頼んでいたことにAは腹を立てており、被害者を見かけたら知らせろと、Cに言っていた。

事件前日、Cは居酒屋で偶然被害者に会う。Aからの電話に出るほうがいいと伝え、その後、Aが会おうと言っていると電話して被害者を量販雑貨店に呼び出した。そのとき、AとCは悪戯心から、被害者を庇っていた者の名前を吐き出させ、まず被害者の友人Bに連絡。さらにDとEを呼び出して、被害者が名前を出したことを伝えた。

彼らの世界ではこういうことは〝仲間を売る〟行為であり、許されないことらしい。本来は友人だったはずの3人（B、D、E）は激怒し、AとCの側についてしまうのである。その後、全員で公園へ移動するときには（被害者はA～Eに）ボコボコにされてもしょうがない雰囲気ができ上がっていた。

犯行後の対応も悪い。CはAと現場を離れ、他の少年に、被害者の携帯電話の履歴を消すこと、傘を始末することを指示している。警察沙汰になったときを考えての証拠隠滅目的だ。

119番した少年が、明らかに様子がおかしいと感じて救急車を呼ばなければ、被害者は朝まで放置されていた可能性が高いだろう。少年たちは被害者を死亡させたとは思ってなかった。逃亡する気もなく、CはA宅で朝まで過ごしている。逮捕時も抵抗はしていないという。

この落ち着き、リンチに慣れた感じがするが、本当にそうだった。AとCは事件の約2年前に被害者を脳挫傷で病院送りにしていたのだ。一歩間違えば重大事件になりかねないことをすでにしていて、今回もまた。1度だけなら加減がわからなかったと考えることもできるけど2度目となると……裁判員から常習性を疑われてもしょうがないよ。印象としては札付きのワル。

「弁護人は、Cが被害者の顔や頭を殴ったり蹴ったりしていないと主張していますが、防犯カメラの画像や他の被告の証言からやったことがわかると思います」

自信満々で続ける検察官。弁護人は、このハンデをどう挽回しようというのか。

赤羽弁護士は、事件を考える糸口を2点に絞り込んで説明した。
① Cくんが今日ここに座るまでに何があったか。
② 裁判のポイントは何か。
要点を整理してみよう。
①について。
Cは犯行時16歳。小学校に上がった頃に親が離婚、父に引き取られ母のいない環境で育っている。IQが低く考える力が弱い。中学入学後、両親がよりを戻すものの再び別れて犯行時は父と暮らしていた。勉強が苦手で先生からは疎んじられ、中学にも途中からは行かなくなり、Aらとつるむように。中学卒業後は父と同じ仕事に就いた。

そんななか、事件が起きたが、被害者とは友人関係である。暴行時も前半のみ参加したが後半は現場から離れていた。また、暴行は背中や足への蹴りが中心で頭部や顔は攻撃していない。犯行後、いったんは逃げたが、意識が戻らないと聞いて救急車を呼ぶよう指示したのはCである。
②について。
まず被害者の死についての責任。頭や顔面を攻撃したのか。他の共犯者と比べ、責任が重いといえるか。次いで、ふさわしい処分(少年院か少年刑務所か)。Cがこういう事件を二度と起こさないために抱えている問題は何か。Cは考える力を伸ばす必要があり、そのためには少年院で更生させるべき。家庭裁判所に送るか、刑事処分にして量刑を科すかを考えてほしい。

裁判員はまず、刑事処分か保護処分かを決めなければならない（刑事処分なら量刑も）。事件の内容はリンチ殺人で、関わった人数も多く、裁判では証人も多数登場。それぞれの立場からの証言や意見を述べるだろう。

弁護人はぜひ、メリハリのある弁論をしてほしい。でないと裁判員は時を経るごとに疲労し、混乱してしまうこと必至だ。

ここまで、オープニングは互角の様相。ムズカシくはあるが争点はクリアである。裁判員としては、①にも②にも関係する、Ｃの暴行の中身を詳しく知りたいはずだ。暴行が消極的であるとわかれば、家裁送りについても真剣に考えられる。共犯者たちが証人として出廷することになっているから、尋問への答え次第では、弁護人の希望が叶うことだって考えられる。白黒はっきりつかなくたっていい。やってないかも……と思ってもらうことが重要だ。前半を五分に渡り合えれば、後半には浜井証人が待っている。

▼ビデオ上映に、法廷が凍りついた

しかし、検察官だって黙っちゃいない。いきなりぶつけてきた証拠・犯行場所の防犯ビデオが、とてつもないものだったのだ。

画像と説明されたからビデオから静止画像を抽出したものかと思いきや、長さ18分にわたる映像。機器のトラブルで後半は未録画とのことだが中身がすごい。取調べDVDなどとは違う、生々しいビデオである。ぼくは法廷でこんなに長時間の映像が流されるのを初めて経験した。

防犯ビデオだから画面は白黒で音声はない。カメラも斜め上からの固定で、当然ながらズームアップもない。が、淡々とした映像が逆に、荒涼たる現場のムードをリアルに再現している。

公園内にやって来た少年たちは話し合う様子もなく被害者を取り囲み、暴力を振るい始める。誰かが暴行している間、共犯者たちは何するでもなく傍観し、適当なタイミングで交代しては、いたぶるように痛めつけていく。

被害者はあきらめているのかやられっぱなし。主に暴力を振るっているのはAなど2名だが、Cらしき人間も加わっている。止めようとする素振りは誰も見せない、どこにも救いのない映像。

裁判員だけでなく傍聴人も凍りついたまま無音の時が流れる。終わったときには吐息が漏れた。

被害者にAやCを痛めつけた過去はなく、ただ避けていただけなのだ。ここまでしつこくやられる理由はない。加害者たちには、頭部や顔面攻撃は打ちどころが悪ければ命にかかわるという想像力がなかったのだろうか。ビデオの後で検察官が見せた死亡時の遺体は、多数の筋肉内出血で皮膚が変色した悼ましいものだった。

ものすごいインパクトである。弁護人はこの事実を踏まえ、それでも家裁送りに持っていきたいと考えている。それなりの理由があってのことだとしても、このビデオの後でそんなことが可能だろうか……。

▼少年たちの証言は概ね一致

【Aの証言】

午後からはさっそく証人尋問が開始された。この日は主犯格のA。この少年はすでに4年以上6年以下の判決を受けている（控訴中）。刑事処分相当と判断されたAの行為がひとつの基準となる。

Aは被害者を見下していて、ずっとパシリ扱い。呼び出しに遅れると、ふざけて殴ったり蹴ったり、裸にして自転車に乗せたりしたらしい。ふざけただけでないことは2年前の脳挫傷病院送りが証明している。今回は避けられた腹いせで、最初から暴力を振るうつもりでいたという。ビデオに映っていない暴行の後半はヘルメットで頭部を殴ることもし、最後に顔面を2発殴っている。

犯行後は、（被害者を）ビンタしても反応がなく、警察沙汰になったらヤバいと現場から離脱。被害者に小便をかけていた、最後の場面ではCは現場にいなかったと証言。太ももの裏を蹴っているのは見たが殴ったかどうかは知らない。普段は明るく、これまで1対1で暴力を振るうのを見たことがないと、Cを庇うような証言もした。味方が複数ならやるのかと誰もが心の中で突っ込んだわけだが。

【Bの証言】

翌2日目。Aの次に多く手を出したBが証言台に立った。Aとは違うエリア（隣の地区）で活動し、被害者とは地元の友人で、Aを快く思っていなかったはずなのだ。事実、この日も最初はAから被害者を取り戻しにいくつもりだったという。ところが被害者がAやCに脅されてDとEの名前を出したことに激怒。暴行を働く側に回ってしまう。ビデオでもAに劣らず積極的に手を出しており、顔も蹴ったと証言。

赤羽弁護士は穏やかな口調で質問を重ね、CはAのように暴力的な人間ではないことを確認していった。ただし、蹴りについてはCもAや自分と同じく70発くらい蹴ったと言い、頭を2回蹴るのも見たそうだ。ビデオでその場面は確認できず、自信を持って見たとは言い切れないが、Cが頭部付近で足を動かしたときにゴツッという音がしたのでそう思うとのことだった。

また、Cについては事件後、手紙をやりとりしている。反省しているのはわかるが、具体的なことが書かれていないので、どこまで深く反省しているかはわからないとのこと。

その点、中等少年院に送致されたDは、自分やA、Cとは暴力の程度が違い、救急車が来るまで被害者のそばで待っていたので、処分は妥当だと語った。

Bは拘置所で刑事裁判を待つ身。とすると、暴力度でB以下のCが家裁送りになってもおかしくはなく、刑事処分ならB並みに悪質な何かが示されなければならない。それは何だろう……。

【Dの証言】

あまり手を出さなかったDの証人尋問は衝立を使って行われた。検察官はDが被害者の友人だったことから、いじめる側だったAやCのことを避けていた事実を確認していく。以前、Aに頼まれたCから呼び出しの電話があったときはそばにいて、（AとCが）何か企んでいるんじゃないかと被害者に忠告したらしい。そんなDも〝仲間を売った〟ことに腹を立て、公園に行くときには、被害者がぶっ飛ばされるだけじゃなく、自分もその輪に入ることを察知していたそうだ。

「スラスラしゃべるけど練習したの？」

谷口弁護士はジャブから入った。検察官の意図するところをしゃべらされているんじゃないかとの牽制球だ。

「はい。10回くらい検察の人が来て練習しました」

すかさず検察官が、3回の面接と1回の練習だと訂正を入れる。

「今回の暴力で、いちばん激しいのは誰？」

答えはAとB。自分も殴ったり膝蹴りをしたとの言葉を引き出す。暴力度では3番目がCということを印象づけ、次の質問。

「きみはいま少年院にいますね。（院で）どういうことをしていますか」

「事件を振り返ったり、被害者のこととかも……。自分の問題点とか課題を出され、毎日、本件につながることをしています。最悪のことをして、人として……と思っています」

Dは家裁→少年院がふさわしいと判断され、反省もしている。Bの量刑裁判はこれからだが、B＞Cの暴力度であればCも家裁→少年院でいいのではないか。うまくそういうニュアンスをにじませた。


【Eの証言】

証人Eは、量販雑貨店に2度も忘れ物を取りに行っていたために暴力行為に参加せず、不起訴処分になっている。また、現場を離れたCからの指示で救急車を呼んだのもEである。Cが後半、現場から離れたトイレの前にいたことも確認された。

弁護側証人の女性は被害者とCの友人（衝立使用）。赤羽弁護士が、被害者とCの関係は悪くなかったが、Aが被害者に腹を立てていたので（Aに近い）Cのことも避けていたと人間関係を聞き出した。

一連の証言を聞くと、食い違う点が少なく、事件当夜の流れは信用できると思う。食い違うのはCが顔や頭を蹴ったかどうか。その瞬間を見た人間はいないが少しはやったんじゃないかと考えてしまうのはビデオを見たからだろう。


谷口・赤羽両弁護士が、出番を変えながら、検察官の圧力を押し返している。これまで見たなかでもっともチームワークのいい弁護人ではないか。

次々に証人が出廷しているが、証言内容に大きな隔たりはない。ビデオも残されているし、事件の中身は概ね、これまで出てきたとおりと考えてよさそうだ。

ここまでを整理すると、こうなる。

・暴力度　(A、B)(C、D)(E)
・人間関係　(A、C)(B、D、E)
・現状　刑事(A、B)、少年院(D)、不起訴(E)

弁護人たちは、Cの暴力をなるべく軽く、頭を蹴ってはいない方向でまとめたがっているが、思うような証言はとれていない。とくにBが「ゴツッという音がした」と、いかにも蹴ったように発言したのは痛かった。証人たちは諸刃の剣。ここは深追いしちゃダメだ弁護人!

▼Cくんはナンバー2だったのか

Aが刑事処分で、Dは家裁送り。暴力度で考えたらCも家裁送りが妥当……なんて、それで済めば弁護人に苦労はないのである。呼び出されて被害者に裏切られたと暴力に加わったB、Dと、呼び出した側のA、Cは立場が違うのだ。そこには計画性があったと考えられても仕方がないし、以前からの確執もある。

谷口・赤羽両弁護士が顔や頭部への暴力の有無にこだわっているのは、CはAとは違うんだよ、CだってAのことが怖くて半強制的に呼び出し係をやらされたんだよ、と言いたいがため。暴力を振るいつつも、Cは決定的なダメージを与えないよう配慮し、後半は現場からも遠ざかったと強調するのだ。

そのことは裁判員たちにも伝わっていて、証人尋問がまったくダレない。2日目から若い女性が抜けてメンバー交代があったが、6人とも真剣に審理を見つめている。

質問を聞いていると、Aに見つからないよう庇っていた人間の名を挙げたことが〝仲間を売る〟ことになり、それで友情もぶちこわし→リンチに加わる単純な心の動きに、いまひとつついていけないようだ。ぼくも同じである。聞けば聞くほど、少年たちが口にする友情や友だちって何だろうと首をひねってしまう。

3日目、被告人尋問。

ここでは新しい事実こそ出てこなかったが、Cの人間性や事件に至る経緯が細かく証言された。蹴るときはサッカーボールを蹴るときのように手加減せず、被害者が痛さに叫んでいた。ただし頭は蹴っていないと何度も否定。Cは素直に質問に答え、後半になると暴力を控えたのは、やり過ぎだと思ったことと、見ているのがイヤだったからだと話した。

その途中、あれっと思ったことがある。事件を振り返る形で述べれば、そのときのことが思い出され冷静さを失う。ぼくはこれまでそういう被告人をたくさん見てきた。なのに今回の事件は誰ひとり、取り乱すこともなければ涙も見せない。感情が表に出ることがなく、他人事みたいな話し方をするのだ。聞かれたことには素直に答えるのだけれど、後悔や苦悩が感じられないのである。

10代の少年だから、事の重大性や遺族の気持ちに考えが及ばないのか、そこのところはわからない。やっちまったものはしょうがないと開き直っている感じがどうも引っかかってしまう。

この裁判は、Cの悪質さをB以上と見るか以下と見るかで決定的に変わってくる。暴力行為そのものではBのほうが過激だ。ではBと比べて不利なことは何か。

呼び出す側の人間で最初からやる気だったこと。犯行後現場を離れ、証拠の隠滅を図ったこと。主にこれらだろう。

Aを補佐し、最初から最後まで深く関わったことは間違いない。CはAに脅されてはいないので、自らの意思で犯罪を犯したことになる。役割としては、やはりナンバー2ってことになるなあ。

でも悪質さではAと距離がある。Cには、なーんも考えていないというか、いかにもその場のムードに流されそうな気配があるのだ。普段のつきあいでも、Aが仲良くしてくれるからくっついていたのではないだろうか。想像力に欠け、自分のポジションを自分で決められない子ども、という感じがした。

傍聴しながらいろいろ考えるのは、両弁護人があからさまな被告人擁護をせず、自由に語らせるからでもある。この手法はいいと思う。裁判員も考えているようだ。この事件は、裁判員それぞれが少年事件をどうとらえるか、そこにかかっている。

Cの両親（離婚中）は揃って出廷。今後再びよりを戻し、息子を待つと話した。育て方に問題があったと認め、被害者や遺族への償いをしていきたいと語る。とりあえず50万円の見舞金を出したが、それで終わらせるつもりはないとも話した。母親は涙を流し、初日以来初めて法廷内がしんみりした空気に包まれた。

その後、元担任教師も登場。在校時のCの様子、学力不足で登校しなくなる過程についての説明がなされた。Cがこの人を慕い、卒業後も電話をもらったり、学校に訪ねてきたエピソードも語られ、心優しい一面を備えていることにも触れられた。

「優しくて、いつもニコニコしている印象でしたが、相手を思いやる気持ちが欠如し、人の痛みや相手の気持ちに立って考えることができない。そのため人が嫌がることを平気でしたり、嫌いな食べ物を箸でつまんで投げ捨ててしまったりする。悪ふざけではなく、本当にそれがどういうことなのかをわからずにやっていたのではないか」

今回の事件も、こうした性格の延長線上にあるのか……。とりあえず現在、Cは拘置所で毎日反省文を書き、その数は100通にも達しているそうだ。

▼意見陳述vs最終弁論は弁護側の圧勝か

4日目午前、検察官は、家庭や学校で本人の特性にあった指導がされていなかったとしつつ、刑事処分を回避する理由を見出せないと結論づける家裁調査官の少年調査票を読み上げた。検察官はここまで、被害者の父親なども証言台に立たせ、一歩も引かずに戦っている感がある。

引かないのは弁護人も同様だ。少年調査票に対抗するように、赤羽弁護士が席を立ち、少年院では集団での枠組みで物事の是非を判断、主体的に取り組む指導ができ、一生をかけてどのように償うか考えさせる指導ができるとして、少年院での改善・更生が望ましいとする鑑別結果報告書を朗読した。

そしていよいよ弁護側最後の証人、浜井浩一教授である。証言の主旨は、少年院と少年刑務所の違いを理解してもらうこと。裁判員たちにとっては大事なレクチャーだ。

少年院は基本的に少年の「育て直し」を目的とし、内面への関与や家族との関係の維持などにも取り組む。

これに対し、少年刑務所は刑の執行が目的で、少年ということで個別の対応がとられることもあるが全部ではなく、「育て直し」というほどの関与はない。

この調子でスライドを使って約55分間、少年院と少年刑務所がどういうところなのかを具体的に比較しながら、わかりやすく説明した。これでようやく、裁判員たちは自分たちの決断によってCの処遇がどう変わるのかを具体的に知ることができたはずだ。弁論の前提となる知識がないとジャッジのしようもないのである。

多くの証言で見えてきた今回の事件を、検察官と弁護人はどう生かし、どんな判決を求めるのか。検察官の意見陳述は被告人の犯した罪を正面から叩く内容だった。

やったことは残忍でひどい。証拠の隠滅を図っている。頭や顔を蹴ってないと嘘をついている。反省もしていない。よって求刑は懲役5年以上8年以下……ってどういうことだよ。Aでさえ4〜6年なのに重過ぎるんじゃないのか。なお、被害者参加弁護士は5〜10年を妥当とした。まるでAの判決などCの裁判には無関係であるかのように。

これは作戦？　落としどころを低いラインで考えて、厳しい求刑をすることで裁判員たちの気持ちを満足させる。かなり刑期を短くしてあげたのだから刑事処分もやむなし、ということなのか。うがった見方か。でも、裏読みでもしないと、この求刑は納得しがたいものがある。

ここまでの戦いから考えて、少年法55条の適用、すなわち家庭裁判所への移送は充分に可能性があると思われる。裁判員は浜井教授の話を真剣に聞き、反応もよかった。最後にもう一押しして、ぜひCを少年院に送り、不良仲間から自立できるよう、指導を受けさせたい。

谷口弁護士は「育て直し」と「責任」との2本立てで最終弁論を構成した。書面を持たずに証言台と法壇の間に立ち、徐々に証言台と傍聴席の間へ移動しながらスライドやパネルを掲示。関係者の証言をスライドで文字として見せていく。

主旨は以下のようなものだ。

まずは責任。被告人の暴行によって被害者は死亡したのか。頭を蹴っているのをはっきり見たという証言はなかったのではないか。被告人が暴行したのは全体の3分の1程度の時間。しかも前半である。それをどう解釈しますか。

検察官は被告人が主導的立場にいたというが、各証言からそうではないことが立証されている。逆に嘘をついているという立証はできていない。また、証拠隠滅の指示はしておらず（被害者を雨に濡れない場所に動かしたのは風邪を引かないようにと考えたため）、逃げたのは共犯者のほとんどで、その理由は（状況判断力が未熟な）未成年ゆえに怖くなったからである。

次に育て直しの面から。被告人には知的な障害があり、精神年齢は10歳程度であるが、これまでサポートを受けたことがない。優しい性格を裏づけるものとして、被害者が量販雑貨店に忘れたブランドものの眼鏡をEに頼んで取りに行ってもらった。証人の女性には、被害者が呼び出しに応じることを止めてほしい旨の発言もしている。

結論として、Cは反省ということも充分にわかっていない子どもで、育て直しが必要だが、刑務所はそのような場所ではない。もし刑務所に入れ、刑期を終えて出てきたとしても、育て直しができていないなら被害者の気持ちは癒えることがない。

「彼の前の扉を閉じないでください。彼の背中を押してあげてください」

谷口弁護士は書面を持たず、再び証言台と法壇の間に立ち位置を変えながら冷静に語りかけた。感情に訴えかけるものではなく、言葉を選んだ、血の通った弁論をして、保護処分が相当であると訴えた。

説得力、具体性、スライドやパネルを使ったプレゼンとしての完成度、どれをとっても弁護人の圧勝だったと思われる。少なくとも、18分間の衝撃映像というハンデをかなり挽回したのではないだろうか。

▼裁判員が選んだ処分は……

「被告人を3年6カ月〜5年に処する。未決勾留分80日分を算入する」

判決は、刑事処分を選択した。求刑の長さに比べて刑期が大幅に短縮されたこと、A以下の量刑にとどまったことが、弁護側の善戦を物語る。

実際、作戦ミスはなかったと思うし、証人も充実。最後まで引き締まった審理が維持された。ぼく自身は、よい教育が施されたらCは立ち直れるだろうと判断。家裁送りでいいと考えていただけに、いささかショックだった。

しかし、家裁送りは叶わなかった。ビデオがなければあるいは……と思わないでもないけれど、それはまた別の話。Ａに従ったところが多々あり、知的能力を向上させる必要性も高く、内面的未熟さが認められるとしながらも、刑事処分を科すべきだと判断されてしまった。

できるだけの準備と、満足な弁論をしても負ける。これはどういうことだろう。

年代・性別共にバランスのとれた裁判員たちにしてこの結果、面倒だから刑事処分に、という発想ではないだろう。

世の中の風潮として、少年犯罪へのまなざしがキビシくなっているのではないか。とくに人の命が奪われたケースでは遺族の悲しみがプレッシャーとなり、更生の可能性に賭ける気持ちより、遺族の無念を少しでも和らげたい気持ちが働いてしまうのではないだろうか。まして今回みたいに両親が若く反省の気持ちを持っていれば、育て直しの役割を彼らに委ねたくなってしまうのでは……。

「教育は必要だけれども、やったことの責任は償ってもらわねばならないとの結論です」

裁判長から被告人にかけられた言葉も曖昧ではっきりしないものだった。その教育をどこで、どのように行うか。肝心な説明はどこにもないのだ。

知らない国の、未知なる犯罪に関わった少年の罪を日本で考える

■海賊対処法違反事件■

▼市民の常識など役に立ちそうにない

今回は弁護する側にとっても、裁判員にとっても、極端にやりにくい裁判になる予感があった。なにしろ事件というのが、海賊行為の処罰及び海賊行為への対処に関する法律（通称、海賊対処法）違反。一般市民にとっては「何それ？」だろうし、法曹界の住人だって法律の意味や内容は理解していても深いところまではわからないと思う。

なぜプロがわからない？

日本の海賊対処法は２００９（平成21）年にできたばかりの新しい法律（無期または5年以上の刑）で、ソマリア人４名が起訴された今回の事件が初めてのケースなのだ。すでに同じ事件で、２名の共犯者がそれぞれ

10年の実刑判決を受けているが、控訴しているため刑の確定はまだである。

普通はどんな事件であれ、プロである裁判官たちは百戦錬磨というか、類似した事件を知っているものだし、判例も豊富にある。裁判員としては、わからない点についてはプロに尋ねればいいという安心感をもって公判に臨める。検察官や弁護人も当然詳しいわけで、プロが醸し出す裁判の雰囲気や進行ぶりにある程度身を委ねていくことが可能。これならプロの現場に紛れ込んだ気分でもなんとかなりそうじゃないか。

ところが今回は違う。被告人は海賊行為をした容疑で起訴されているのだが、海賊について詳しいプロはひとりもいない。法律的な説明はできても、現場の想像すらリアルにはできないはずだ。弁護人の浦城知子弁護士と児玉晃一弁護士も、検察官も、そして裁判官や裁判員も、被告人の祖国ソマリアの土を踏んだ経験はないだろう。

もちろん何にだって初めてはある。困難を乗り越えて前例が作られ、それが地層のように積み重なって人は成長するのだ。男女間のことだってそうじゃないか。誰でも最初はぎこちなく……それはどうでもいい。海賊だ。プロも戸惑う海賊事件で一般人が市民感覚を発揮できる余地は1ミリもないって話だ。ぼくが裁判員だったら、死刑求刑が予想される事件もプレッシャーだが、海賊の裁判もかなり負担に感じるだろう。

そもそも海賊についてのイメージがなさ過ぎる。ぼくたちが海賊と聞いて思い浮かべるのは娯楽映画で見たそれ。現実感も、ジャッジの基準もないものに、市民の常識をどうやって活かすんだ？　そんなことわかりそうなものなのに、なんで海賊対処法なんて命名したかなあ。せめてシージャック対処法であれば、ハイジャックからの連想で事の深刻さ、タチの悪さが想像できるのに。

野次馬としては、展開の予想がつかない、大変スリリングかつ楽しみな裁判である。しかし、弁護人チームの一員である傍聴弁護人の立場からは不安しか感じられない。なぜならこの裁判、日本の司法の器からはみ出す事件を、強引に裁こうとするはずだからだ。ソマリアの風土なのか、海賊行為なのか、少年犯罪というジャンルなのかはわからないが、でたらめな先入観が幅を利かす場面があるだろう。

勝つためには、どこかで「この事件を裁くのはしんどい」ことを理解してもらうことだと思うが、タイミングが見極められるかとなると心配だ。皆と同じく、弁護人チームもまた、事件の背景について何も知らないに等しいのだから。

事件の中身に入る前に、どうしてこんな法律ができたか説明しておこう。

１９９１年から内戦が続いているアフリカ大陸のソマリアでは、国内情勢が混乱し、２００５年あたりから身代金目当ての海賊が横行。ソマリアとイエメンに挟まれたアデン湾を通過するコンテナ船や大型タンカーが狙われるようになった。その件数は２００８年以降年間１００件を超え、ときには２００件超えも。世界の海賊行為の約半分が、この海域で行われるようになっている。アデン湾にはスエズ運河があり、世界のコンテナ貨物の約２割が通過する海上交通路の大動脈なので、避けて通るわけにもいかない。

困った各国は国連で話し合い、協力体制を作り海賊に対抗することに。受け持ち地域で何かあれば、襲われたのがどこの船であれ助けにいくネットワークを作った。日本からも自衛隊が派遣され警備に当たっている。

こういう背景のもと、国際的な情勢に歩調を合わせるべく作られたのが海賊対処法だと考えていいだろう。が、ソマリア海賊たちも必死。警備のおかげで年間件数は2ケタに減ったものの、身代金奪取に成功すれば莫大な金が手に入るとあって壊滅にはほど遠い。広いアデン湾を舞台に、守る各国海軍と一攫千金を夢見るソマリア海賊が火花を散らしているのが現状なのだ。

▼海賊じゃなくて小型ボートの雑用係!?

今回の事件は２０１１（平成23）年３月に起きた。被害に遭ったのはウクライナからシンガポールに向かって運航中だった商船三井のオイルタンカー・グァナバラ号。同社の１００％子会社であるパナマの企業が所有する船なんだが、船籍はバハマ。クロアチア人船長をはじめ24名の乗組員は全員外国人で、海賊を捕まえたのはアメリカ海軍……グローバル過ぎるんだよ！

検察官の冒頭陳述によれば、海賊団はソマリアから母船で出発し、獲物を求めてアデン湾を何日間も探しまわり、グァナバラ号に目をつけた。当然武装もしていて、ロケットランチャー2機、自動小銃19機を持っていたという。もっとも、ソマリアでは病院でもこの程度の装備はあるらしく、特別すごい武装ではないようだが。

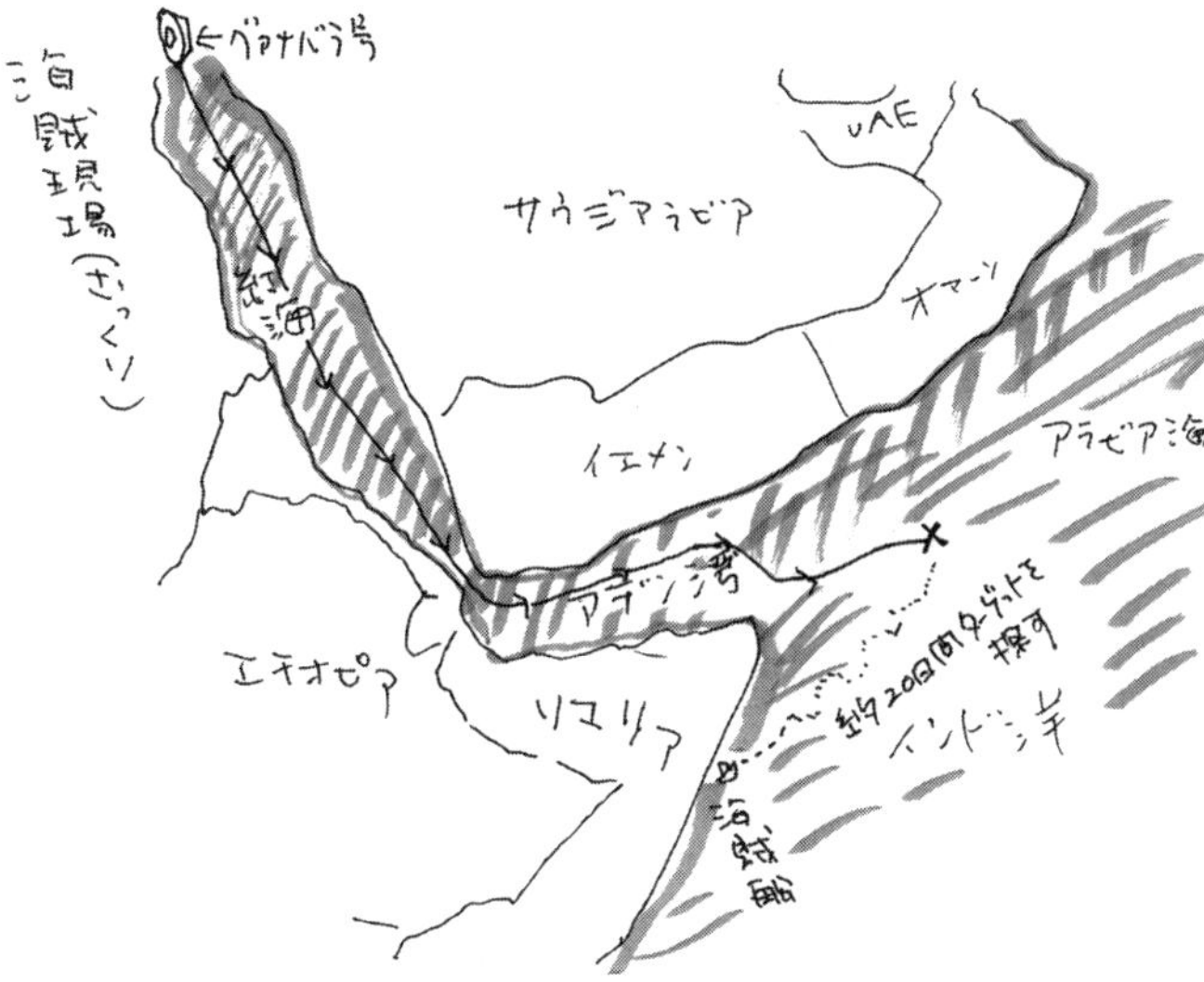

小型ボートでグァナバラ号に接近し、梯子を使って乗り込んだ乗っ取り実行犯は4名（被告人を含めた数）。自動小銃をぶっ放しながら威嚇するも、すでに海賊の存在をキャッチしていた船側は、乗組員が発見されにくい〝秘密の小部屋〟に避難し、船の制御機能も操舵室からここに移してSOSを発信する。

〝秘密の小部屋〟で息をひそめる乗組員を捜して船中を捜索する海賊だったが、朝になってアメリカ海軍が救助に駆けつけ万事休す。アメリカ海軍は身柄を拘束した4人の海賊たちを日本の海上保安庁に引き渡し、船籍のあるバハマではなく、所有会社の親会社のある日本で裁判にかけられることになった。

そういう流れなのだが、なにせ法律すらできたばかりで運用経験がなく、たいした準備もしてなかったんだろう。大きな問題が浮上した。

ソマリ語のできる通訳がいないのである。だから裁判の開始が大幅に遅れ、被告人たちは拘置期間が

2年近い。そしてようやく数名の通訳を確保し、公判に踏み切ったというわけだ。ちなみに、ぼくが傍聴した事件の通訳は、検察官の取調べ通訳も兼任したらしいのだが、こういうのは通常考えにくいことだという。

何かこう、全体的に無理を感じないだろうか。司法としては将来のためにも海賊対処法を運用しておきたいところだし、国連や協力各国の手前、まだ体制が整ってなくて、とも言いにくいんじゃないか。

でも、この裁判の被告人は逮捕時16歳（現18歳）。少年法適用年齢なのだ。成年に達している他の被告人はともかく、この少年についてはソマリアに移送して向こうで裁いてもらう選択肢もあった。事実、弁護人はそれを提案したらしいが、頑として拒否されたという。

うーん、やる気があるというよりは、判例をひとつでも多く作っておきたいのかもしれないなあ。

さらにややこしい話になっていることが、初公判でわかった。

先に裁判が終わった2名は被告人のAが海賊であるのを認めているのに、Aが「自分は小型ボートに雇われていただけ。船にいたのは、リーダーから、3名の海賊たちに伝言を頼まれたからだ」と言っているのだ。弁護人の主張はこうなる。

〈Aは船上にいたが、一緒になって海賊行為をした共同正犯は成立しない。結果的に加担したことになるのは認めるが、適用されるべきは幇助罪である〉

以下はAが語る経緯だ。

貧しい家庭で育ったAは12歳から働き始め、皿洗いや魚とりをして家計を助けてきた。一度、海賊と間違えられて捕まったことがあるが、無罪となっている。16歳当時は親元を離れた町で小型ボートの運転手の手伝いをしており、主な仕事は停泊する大型船に物資や客を運ぶ手伝いだった。

事件のときも親方に言われるまま、高速船に小型ボートを乗せると、親方が一緒に乗り込んだのでそれに従った。途中で海賊が乗っていることがわかり、戻りたいと訴えたがすでに沖。そのまま20日間ほど何もせずに乗り、グァナバラ号を発見して小型ボートで近づくとき、ボートに入る水を外に出す要員として同行。3人とリーダーが乗り込んだら、運転手と共に船に戻るはずだったが、何かしらのトラブルでリーダーは乗ることができなくなったため、Aに伝言が託され、梯子を上って伝えた。

ところがなぜか小型ボートはその間にグァナバラ号から離れていき、他の3人と一緒に行動するしかなくなってしまった。ただし、自分は銃も撃っていないし船を動かす知識も能力もない。海賊ではなく、乗っ取ろうなんて考えもしない。

こういう言い分。つまり、Aが海賊一味なのか、リーダーに命じられて仕方なく手伝ったかが、この裁判の争点ってことだ。

これは裁判員、大変なことになった。イメージしにくいものをなんとか脳内で映像化していかなきゃならない。弁護人も大変だ。市民感覚の外にある事件を裁かなければならなくなった裁判員は、それぞれがバラバラに、描きやすい映像を思い描くだろうからだ。

言い方がまどろっこしいか。いまどきの日本人にとって、12歳で働きに出るということはイメージしづらい。水を汲み出す要員が必要だともイメージしづらい。伝言を頼んだリーダーが船を離れた理由もわからない。Aが海賊の一員だと考えるほうが、わからないなりにストーリーを思い描けるのだ。

冒頭陳述で浦城弁護士は、〝Aが語る真相〟を順序立てて語り、こう締めくくった。
「Aさんはいまも未成年です。成人と同じ基準で考えるのではなく、彼の将来を考えていかなければなりません。海賊の手伝いをしただけの彼を日本の刑務所に入れることが意味のあることかどうか、共犯者の証言などが信用できるかどうか、よく考えて審理をしてください」（主旨）
問題はない。まったくないが弁護人、言い方が穏やか過ぎないか。
この裁判は特殊なのだ。裁判員たちは常識の外にある事件にうまく対応できず、役に立たないはずの常識を使って考えようとしているかもしれない。ぼくが裁判員なら、たぶんそんな心境になっている。その場合、現時点で頭にあるのは以下のようなことだ。
・検察官が語るストーリーのほうがわかりやすい
・共犯者たちがAを仲間だと言っており、検察側証人としても出廷する
・共犯者のうち2名は10年の実刑判決を受けていて、いまさら嘘をつくメリットはない
開始前から思いっきり有罪側に傾いていると言っていいだろう。放っておけば勝ち目はないくらい水があいた状態からのスタート。であれば初手から強烈なインパクトが欲しかった。

材料が乏しければ、推定無罪の原則や少年法の意義を裁判員の頭に焼きつけるだけでもいい。もっとベタに、ここまで書いたような裁判員の心理を言葉にしてもいいくらいだ。

「皆さんわかってますか？　そうであればなおさらAさんのことを考え、ニュートラルな立場で事件と向かい合うのが裁判員の仕事なのですよ。そうしないとこの子は一生皆さんを恨むよ」

って、それじゃ脅しか。でも、それくらいの気合いでぶつかっていくべきハンデを背負っての立ち合いだと思ったけどなあ。

ぼくが見てきた弁護人は、冷静沈着なタイプが多いのか、法廷で声を荒げるようなシーンはほとんど見られない。声のトーンや表情、身振りなど、全身を使って弁論することは、日本人は苦手なのかと思うほどだ。

だが、ときにはハッタリでもいい、怒りや戸惑いの感情を表に出してもいいのではないか。今回のような特殊なケースで、そんな教科書に載っているような主張をして、結果出せますかって話なのだ。海賊がどれほどの重罪か知らないが、Aくんはもう2年も日本にいるそうじゃないか。その理由が「通訳がいなくて」だなんて、ひどいと思う。

▼スカイプ映像で反撃に打って出た

通訳2名がソマリ語⇅英語⇅日本語でやりとりするため通常の倍以上時間がかかり、休みの日もあるとはいえ判決まで3週間を要した。船員が隠れていて海賊の動きをほとんど目撃していないこともあり、やったやらないの水掛け論も多い。

裁判員たちは、検察官と弁護人が描く、2つのストーリーを聞かせられているようなものである。しかも、

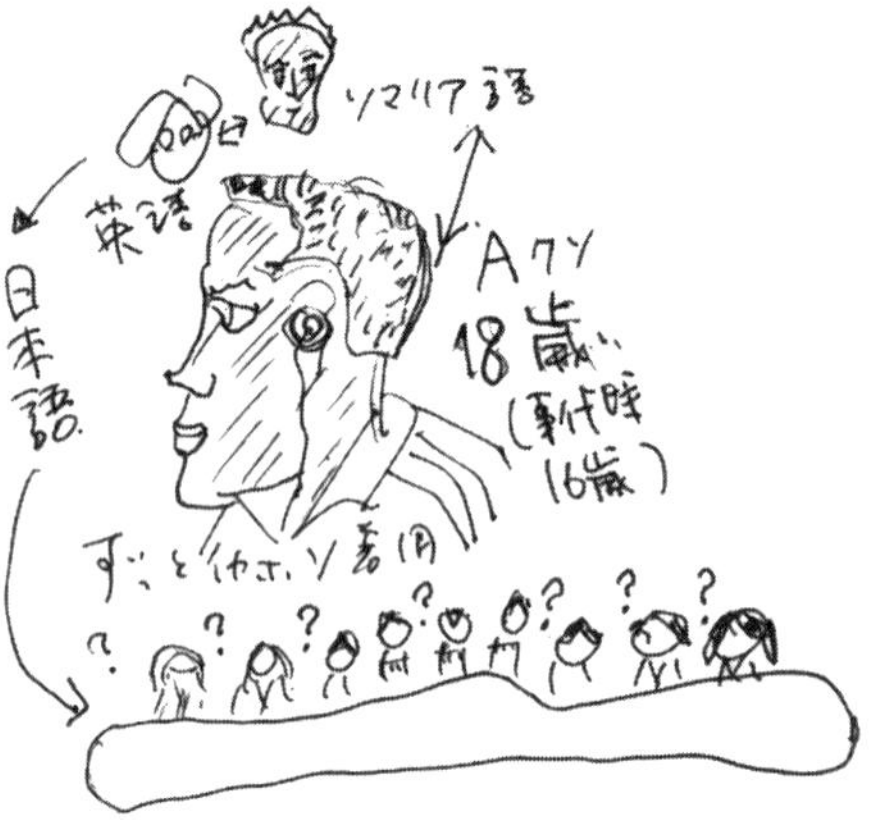

どちらも日本人の日常とかけ離れた海賊失敗物語。普段なら日を追うごとに裁判員の対応がこなれてくるのだが、今回は何日経ってもどんよりした空気が消えない。

なぜか。理由のひとつは被告人の表情から情報が読み取れないからだろう。

われわれは日頃、相手の表情（とくに目）から心の動きを推察しているものである。日本人同士ならある程度は気持ちを察することができる。でも外国人が相手だとそれが使いにくいのだ。

Aはガタイがよく、落ち着きがあって堂々としているうえに無表情。涙ながらに訴えたり、手を動かしたりもしないため、取りつく島なし。生まれ育ちの環境、物の考え方がわからないのに加えて感情さえ読み取れないのでは、理解などできるはずがない。しかも最有力証人が同じく理解しがたいソマリア海賊なんだもんなあ。何を信じたらいいのかわからなくなるのもやむなしなのだ。

もしぼくがAと会話できるならこうアドバイスしたいところだ。ここは日本だ。裁判員は海賊って何？というレベルなんだ。いい結果をつかみとりたいなら表情を出し、手振りを加え、喜怒哀楽を裁判員に伝えろ。でないとこの裁判、負けるぞ。できればここ一番で、がんばって涙を流せ。海賊と間違えられた悔しさを伝えろ。もう一度言う、ここはソマリアじゃない。海に囲まれているのに海賊のいない平和な国・日本だ……。

どこかで反撃しないとゲームオーバーになる。傍聴人なりに危機感を募らせつつ迎えた被告人質問の前に、主任の浦城弁護士がモニターにスカイプ映像を映し出した。

映っているのはソマリアにいるAの父と従兄弟だ。わが子のピンチとはいえ遠い異国まで駆けつけることができないため、声で懸命の擁護である。回線速度の関係か映像は静止画像だったが、この裁判で初めて、海賊以外のソマリア人が登場したことと、わかりやすい親子の情や無償の愛を示したことは大きい。われわれが裁こうとしているのは海賊というわけのわからない人種ではなく、18歳の少年であるということが強くインプットされた。

いっさい誘導的な質問をせずにAの生い立ちや性格、家族の絆を語らせたこの場面は誠実さがよく出ていたと思う。

よっしゃ、ここもらった！　思わず傍聴席で小さくガッツポーズである。静止画像と声で登場したAの父と従兄弟。本当に肉親なのか確かめる術もないが、そんなことはこの際いい。日本とソマリアの遠さ、文化の違いなどが伝わればいいのだ。ベテランの児玉弁護士でなく、若手の浦城弁護士なのもよかった。

だからどうしたと思うかもしれないが、ちょっとしたことで物の見え方は変わる。浦城弁護士が誠実なら相棒の児玉弁護士の穏やかさも誠実さゆえだろう。ここにきてようやく、弁護人たちが1つのチームに見えてきた。

だが、おそらくそれは偶然の結果だ。

傍聴席から見ていていつも思うのは、弁護人に、自分たちがチームとして見られている意識が希薄であることだ。

仕事上の分担はされている。主任とそれ以外の関係性もまぁまぁわかる。が、1＋1が3にも4にも見えるようなチームプレーにお目にかかったことはほとんどない。

自分たちがどう見えるか、自分たちをどう見せるかの意識が足りないため、総合力を1＋1＝2以上に持っていくことができないチームが大半だ。

スカイプの場面で伝わったからよかったが、今回なんてもっとチーム力でメリハリをつけることのできる裁判だったと思う。男女の違い、年代の違い、個性の違いを明瞭にすると、いくつものバリエーションができたんじゃないかなあ。

だって、児玉弁護士はAの父親的視点で語ることができるし、浦城弁護士は姉的視点を持ち込むことができるではないか。あるいは児玉弁護士がキビシい弁護人、浦城弁護士が優しい弁護人でもいい。児玉弁護士がベテラン役、浦城弁護士が突っかかっていく役だって作れる。

役者でもないのにそこまで望んじゃいけないか。でも、裁判員裁判時代の弁護人には、裁判員の気持ちを揺り動かすことが求められる。でないと勝つのが難しいからだ。

今回だったら、Aが感情を表に出さないタイプで、外国人なのも手伝って不利なのは明らか。言い訳しない潔さも、かえって言葉足らずな印象を与えてしまう。ソマリアで裁判が行われていたら、もう少し積極的な表現ができるかもしれない。であれば、代役を弁護人が務めて裁判員の心に食い込もうとすることも誠実な態度だ。

16歳のAに海賊なんて大胆なことができるのか。親思いのAに犯罪者の素質はあるのか。共犯者はAのことをサブリーダー的存在で自分たちより格上と証言するが、日本の常識に照らしてそれは現実的な意見なのか。雇い主に命じられれば逆らうことができなかった従順さをどう考えればいいのか。

効果的かどうかはともかく、やり方はさまざまにあり、弁護人間の連携がとれていればいるほど裁判員に伝わりやすい。チームが一丸となるというのはそういうことではないだろうか。

スカイプでの反撃で、弁護人のやる気と誠実さを裁判員に意識させることに成功。その後の被告人質問では具体的かつ詳細に船上での出来事を再現させる。まあ、起きてることが突飛なので想像はしにくいが、本当のことをしゃべっているようにも聞こえる。最後にはAから被害者である乗組員に対し、「精神的、肉体的に大変な思いをされたことがよくわかりました。許されるなら、直接お会いしてお詫びしたいです」と謝罪も入った。

▼少年はサブリーダーだったのか？

日程が長くすべてを聞けなかったこともあるが、細かいやりとりをカットして書いているのは盛り上がりに欠けるせいである。

検察官と弁護人が、相手の言い分を突き崩すことに熱心じゃないのだ。いや、気持ちとしてはやりたいかもしれないのだが、そんなの不可能なのだ。

巨大タンカーという密室内で起きたことで、第三者的な目撃者もなく、たいした証拠もなければどうしてもそうなる。どちらかが嘘をついているのだが、それ以上突っ込みようがないというか、勝手に言わせておこうという態度。

とくに検察官が余裕しゃくしゃくで、休廷中には笑顔さえこぼれている。Aが何を言っても嫌みのひとつも口にしないのは、確実に勝てると思っているからだろう。共犯者たちの証言、ＶＤＲ（船の記録装置。飛行機のフライトレコーダーのようなもの）に残された音声など、決定的とはいえないまでも強力な武器をキープ。スカイプ程度じゃぐらつかない自信がみなぎっている。

証人や被告人に対して、裁判官や裁判員は質問もしていた。ぼくが見ているときはなかったので内容はわからないが、いくら核心を突いたとしても、証人も被告人も自己の主張を曲げない以上、質問でがらりと流れが変わるとは考えにくい。

裁判官はもう有罪に決めてて、よほど矛盾することでも言わない限り先へ先へと進めたいように見える。

裁判員たちは検察官の質問のときは検察寄りに、弁護人が質問するときは被告人寄りに心が動いて、最後の判断をどうつけるか決めかねている気配だ。

Aが16歳ながら他の3人より上の立場のサブリーダーだったかどうかは、かなり重要なポイントだ。でも、ソマリア人のメンタリティは日本人と違うのか、こういうシーンが出てくる。Aは3人にあだ名で呼ばれたり雑用っぽいこともさせられている反面、不安なはずなのに誰よりも早く船内のベッドで眠りについている。このあたり、単なる伝言係とも、腹の据わったサブリーダーとも解釈できるのだ。

伝言係なら大事な仕事は任せられないから「おまえは寝ていろ」と言われたのだろうし、サブリーダーなら年少者として親しまれつつも力仕事を免除されていたことになる。その謎を解こうとして質問をするとディテールが延々と語られるのだが、海賊やソマリア人の風習を何も知らずにいるため、聞けば聞くほど、どっちが格上なのかわからない始末だ。

いっそ誰かが「あなた嘘ついてない？」とでも尋ねてくれればとも思うが、それをしてもAは冷静に「ついてません」と言うだけなんだろう。

気軽な立場で言わせてもらえば、Aも共犯者たちも少しでも有利になるよう必死なのだと思う。Aの言うことが本当で、小型ボートのアルバイトに過ぎないとしても、タンカーに乗り込む時点では海賊の交渉役として手伝う気になっていた可能性はある。ギャラはアルバイトより断然いいのだ。発砲したとしても威嚇のため。ソマリアでは銃などありふれているので罪の意識はほとんどないだろう。

一方、共犯者にすれば、Aはバイトの小僧だが、リーダーに英語力を買われた存在。船員を発見したあとで働いてもらわないといけない。だから軽く扱いながらも力を温存させておいた。案外、そんなところじゃないだろうか。

とまあ、傍聴席で妄想を膨らませていたとき、最大の疑問に突き当たった。共犯者は自分の裁判でAが自動小銃を撃ったとも証言（Aの裁判では撃ったと言わなかった）しているが、もっと基本的なことだ。なぜリーダーは船に乗り込まなかったのか、である。リーダーがいなくて乗っ取りができるのか？

これについて弁護人は、具体的な交渉はソマリアまで船を移動させたあとで専門家が行うため、船上ではソマリアへ行けとさえ言えればよかったと弁明し、それもそうかなと思った。でも、そうなるとリーダーの役割がわからない。

もっとも重要であるはずの乗っ取り行為に参加できない事情って何だ？　そんなリーダーがいるか？それともリーダーとは名ばかりで、実質的には高速船の船長だから船に戻ったのか。どうも説明が弱い気がする。自動小銃4丁が押収されているのも分が悪い。ただの伝言役に銃を携帯させるものだろうか。ソマリアの常識はわからないが、ぼくの常識で考えると、チームの一員だったから4丁あったと考えるのがしっくりくる。

うーん、傍聴席の結論が出ちゃったよ。Aはサブリーダーではなかったかもしれない。陸を離れるまでは親思いのアルバイト少年だったかもしれない。しかし、グァナバラ号に乗り込んだときには海賊のひとりとして参加した可能性が高い、と。

▼役者のセリフ風に弁論が始まった

検察官は論告で、主要な事実を述べ、Aが他の3名より重要な役割を担っていたとの見解を示した。リーダーが船に乗り込まなかったのはAに身代金交渉などを任せたからで、Aの証言は不自然で一貫性がない。未遂にこそ終わったが、もし乗っ取りに成功していたら身代金の相場は4億円ほど。Aにも2～5万ドルの報酬が払われたことだろうと決めつける。

交渉がうまくいかなければ乗組員は命の保証もない重罪なのに、被告人には反省する様子もないと言い切ってみせるのには驚いた。まあ配った書類を棒読みしてるだけで臨場感ゼロだけど。

余裕のなせるワザか、海賊処罰の必要性にも踏み込んだ。海賊の処罰は経済や国民生活にとって重大で、国際社会の一員として必要なこと。ぼくなりに翻訳するとこうなる。

〈日本初の海賊対処法裁判で、甘い判決なんか出したら世界中の笑いモンになるぞ。わかってますか、皆さん！〉

ということで、当局のメンツをかけた求刑は5年以上10年以下の不定期刑。共犯者たちが10年だから、なるべく長いほうでと念を押した。

いよいよ弁論である。もう完全に追い込まれた状態のなか、児玉弁護士が法廷中央に立ち、「終わってからペーパーを配ります」（今は聞いていてください）と言った。

「おい、A、クソッタレ。食べてるな。それを俺に持ってこい！」

演劇調というのか、芝居がかった大声で弁論開始だ。

児玉弁護士が声を張り上げることなど、これまで一度もなかった。常に温厚な態度に徹してきた。それがここで……。これは勝負かけてる。客観的に見て敗色は濃厚であり、幇助だけで済むとは思えないが、刑期は5～10年の幅があるのだ。あきらめるわけにはいかない。

「これがサブリーダーだったはずのAさんが言われた言葉です。サブリーダーにそんなこと言うでしょうか。サブリーダーではありません。手伝っただけなのです」

いつもの声に戻って、共犯者たちの証言が信用できないことを語りかけていく。かと思えば一転して、「何か食べるものとタバコを探せ、A!」と芝居調に戻る。

「このように言われるのは、彼が単なる使い走りだからです」

このセリフはＤＶＲに収められていたもので一級の証拠。裁判員たちが真剣に聞こうとしているのがわかる。

このように、ひとつひとつ検察官の言い分に異議を唱え、理由を説明。船上にいた36歳の男こそがサブリーダーではなかったかとの仮説を立てる。そのほか、なぜ共犯者が嘘をつくのか、どこで口裏を合わせたか、銃についてなど、40分近くかけて力説した。

かなり説得力がある。傍聴席からは見えなかったが、量刑についての考えを述べるとき、ボードを使って要点を説明したのもよかった。

が、検察官の言うことにも説得力がある。海外で、しかも走行中の船の上で起きたこの事件は、立ち位置を変えればいくつもの風景を思い浮かべることが可能な、とても扱いにくい事件なのだ。

「Aさんは未成年で、少年法の適用を受けます。(検察官が求刑した)5～10年という刑の事件は人が死んでいるような事件ばかりです。海賊事件で少年が裁かれるのは初めてですから、成人の刑を基準にして考えた求刑は参考になりません」

筋の通った説明だ。こんな、みんながイマイチやる気になり切れない裁判にはもったいないくらいである。

ぼくは聞いていて、弁護人たちは最初から量刑勝負の気持ちだったのではと想像した。幇助のみで押し切るのは困難でも、量刑はなるべく短くしたい。執行猶予付判決を求めはするけれど、それがダメだったときに、なるべく5年に近いところで決着させるための弁論を積み上げてきたのではと。

ただなあ、それがいまひとつAには響かないんだ。微妙なニュアンスが伝わりにくいというか、相変わらずの無表情。いや、マイナスなことはしない。最後の一言でもちゃんと被害者に詫びるし、家族のもとへ帰してくださいと簡潔に申し述べる。

でも、悲しいかな日本人であるわれわれは、それ以上の情報を汲み取れない。今回は本当にそこを思い知らされた。

繰り返しになるが、われわれは相手の顔色、頬の紅潮、一瞬の表情の変化、しぐさ、目の動きなどからいかに多くのことを感知しているか。それがないと、いかに情報感知能力が落ちるか。パッと見るだけで得られる情報は共通の文化的土壌が育む。ソマリア人通訳は、Aの表情などから、われわれの及びもつかないことを理解しているに違いない。

判決は5年以上9年以下。求刑より上限が1年間短くなった。最長でも成人の共犯者たちよりは短期で出られるという微妙な落としどころを裁判員たちは選択したことになる。

最後まで逆転などはなく、びっくりするような結末にはならなかった。裁判員裁判は意外にキビシい判決が多く、死刑判決も出るなど、シビアな面も多いと聞く。今回は、このようないい加減な裁判に参加させられた裁判員が、可もなく不可もない判決を下した印象だ。被告人のAも、自国の情勢に通じた相手がひとりもおらず、うんざりしたのではないか。

評議で執行猶予を付けないことは早めに決まったが、5年以上9年以下にしたのは共犯者たちとのバランスをとったからか。5～10年の求刑通りでいいという意見もあったと思う。6、7年でいいじゃないか的な、かなり下の意見も出たんじゃないか。そこにはスカイプや最終弁論がもたらした効果もあっただろう。

弁護人たちは、KO負けでもおかしくない事件で、裁判員の気持ちをピクリと動かしたと言えなくもない。弁論時の迫力をもっと早い段階で打ち出せば、もう1年くらい短くできなかったか……無理かなぁ。無理だろうなあ。弁護側としては、いい結果を出せなかった裁判ということになる。後日、児玉弁護士に会ったとき、スカイプの場面に心を打たれたと絶賛したら、意味がわからないふうだった。

ぼくはこの裁判、対外的なメンツもあって、海賊に対する見せしめ的な一面を持っていたと考える。日本の司法が甘く見られ、日本の船が狙われる事態になれば大問題だからだ。裁判長は検察官の意見をなぞるかのように、わざわざ次の言葉を記録に残した。

「海賊を許さないという立場からも、基本的に厳しい刑罰をもって臨む必要がある」

幇助で終わらせる気などハナからなかった。そう読み取るのはヒネクレ過ぎというものだろうか。

◉対談

弁護士さん、そこんとこぶっちゃけどうなんすか？

■坂根真也×北尾トロ■

坂根真也（さかね・しんや）
2004年、弁護士登録。公設事務所を経て、2008年、専門的に刑事弁護に取り組むために独立。数多くの裁判員裁判や死刑事件などの重大事件に取り組む刑事弁護のスペシャリスト。

北尾　ぼくは、2000（平成12）年頃から裁判に興味を持ち、主として刑事事件を傍聴してきました。そのなかで、2009（平成21）年の裁判員裁判開始後、公判のスタイルが以前とは明らかに変わってきたと感じています。また、かねてより弁護士さんに尋ねてみたいことがいろいろありました。坂根さんは、刑事弁護に特化して、数多くの裁判員裁判を担当されているということなので、ぼくのどんな疑問にも答えてもらえるんじゃないかと期待しています。今日はよろしくお願いします。

坂根　よろしくお願いします。

▼弁護士はどうして犯罪者の弁護ができるのか

北尾 まずは素朴な質問なんですけど、弁護士さんは、悪いことをやった人の代理人という立場ですよね。日頃そういう人と付き合っていて、嫌になったりしませんか。

坂根 まったく共感できない人ももちろんなかにはいますけど、それは本当に限られた人で、罪そのものに共感することはできなくても、その人の生い立ちなり、事件に至ってしまった経緯について共感できるところがひとつも発見できないということは、めったにありません。だから、付き合っていて嫌だってことは、基本的にないです。

北尾 相手は犯罪者ですよ。凶悪犯もいるじゃないですか。それが嫌じゃない？

坂根 はい。

北尾 「刑務所へ入っても、出たらまたその日に何かやりかねないな」みたいな人もいれば、まったく反省していなくて開き直ってる人とかもいますよね。前科を重ね、塀の中にいる期間のほうが長いような人。

坂根 いますね。

北尾 それでも同情や共感できるところを探すことって、実際できます？

坂根 努力はします。必ず見つかるってわけでもないですけど、意外に見つかったりするときもあるので。以前、常習累犯で、本人もあきらめていたのか、更生の意志が弱い男性がいました。そういう人だから、いままで何人も弁護人が付いたけど、誰もまともに弁護活動をしてくれなかったみたいなんです。で、ぼくがつくことになり、彼が接してきていた人にいろいろ当たっていくと、ずっと昔に袂を分かった親族がいるのがわかった。しかも、その人が「じゃあ、ちょっと頑張りましょうか」と言って法廷へ来てくれたんです。それには被告人がとても感激してくれましたし、その様子に、彼の人間的な部分を感じることができました。

北尾 証人となる親族を、坂根さんのほうで探した。

坂根 そういうこともあるので、とりあえずトライするってことは大事でしょうね。

北尾 「どんな悪い人にも見るべきところはある」と？

坂根 そうです。ただ、それは一面で、犯罪者の弁護をする理由はもうひとつあります。ぼくだけではなく、刑事弁護をやっている人の多くがそうだと思うのですが、検察・警察っていう大きな権力が一個人を脅かすことに対する警戒ですね。悪いことをしたと疑われている人に対して権力はときとして行き過ぎるわけですね。力の強い者が弱い者を虐げることが許せないんですね。平たく言うと、どんな悪いことをしたからってそんな大勢で責めることはないだろうっていうことですかね。だから、仮に「この人はまったく共感できない」となったところで、モチベーションは変わらないですね。

北尾 〝国家権力〟の暴走に歯止めをかける役割が弁護士にはある。そうじゃないと、権力側は何するかわからない。白を黒に変えてしまう凶暴さを持っているのだ、と。

坂根　そういうことです。

北尾　なぜそういうふうに思うんですか。

坂根　現実に刑事弁護をやっていれば、誰しもそう感じると思うんです。行き過ぎた捜査なり、取調べなりが不断に行われていますので。

北尾　ときには冤罪もあります。

坂根　そうですね。

北尾　坂根さんは、司法試験を受ける前から、受かったら弁護士になると決めていたんですか。

坂根　漠然と弁護士になろうかなと思って勉強している最中に、いわゆる死刑再審4事件（死刑確定後、再審で無罪となった事件。免田事件〔1948年〕、財田川事件〔1950年〕、島田事件〔1954年〕、松山事件〔1955年〕）という、死刑判決後何十年も経って無罪になった事件の存在を知ったんですね。やってもいないのに30年間も投獄されるっていうことが、現代日本にある！　信じられなかったけれど、実際そうだと。だから、弁護士になる動機としては、冤罪をなんとかなくしたい。その気持ちが強かった。

北尾　でも、「やっていない」と言う被告人がいて、本当に冤罪だったらもちろん大変なことなんですけど、どうみても「いやいや、アナタやってるよね」と思う人もいるのでは。本人が否認していても、聞けば聞くほど黒としか思えない場合はどうするんですか。

坂根　それ、よく聞かれる質問です。

北尾　被告人のいい部分をすくい上げていく、あるいは国家権力と対峙する気持ちを忘れない。このふたつのポリシーでは対処できない気がしますが。

坂根 被告人が「やっていない」と言うときのパターンとしては、まず、「この人やっていないな」と確信できる場合があります。

それから、「本当はやってるんだろうな」と思う場合。ただ、「不合理な否認だな」と思っても、もし彼の言っていることが本当だったら取り返しがつかない。私は神様ではないので、彼が犯人だと決めつけることはできないんです。彼がやったかどうかを判断するのは自分じゃない。証拠を見て裁判官が間違いなく犯人だと判決をするその日まで、無罪が推定されているんです。その思いがあるので、本人の言うとおり否認の弁護をします。

最後に、「こいつは間違いなくやってるな」って思う場合。これは、実際にはあんまりないです。ただ、まったくないわけじゃないので、じゃあ、そう思ったときにどうするかというと、ぼくの場合は、それに対する心の葛藤はまったくありません。

北尾 やっていると思いつつ代理人として無罪の主張をすることを、坂根さんはためらわない。

坂根 はい。やはり無罪の推定が働いているわけだから。

それに、同情云々の話も同じなのですが、共感できる依頼人と共感できない依頼人がいたときに、共感できる人だから一所懸命やるわけではありません。ぼくが提供する弁護活動には、ぼくが個人的にこの人をどう思うかということはまったく関係ないんです。むしろ逆に、共感できない依頼者や、「本当はやっているかもしれない」と思う依頼者にこそ、「最高の弁護を提供するぞ」と思うようにしています。そうじゃないと、感情に邪魔されてしまいますので。

北尾 「本当はやったんだけど否認したい」っていう、困った人にあたったときはどうするんですか。

坂根 ケースによりますね。認めたほうが刑が軽くなる可能性が高いときは、否認していると依頼人に不利益になるので、認めるように説得します。

北尾 それでも「否認する」って言われたら？

坂根 そうしたら、それでやるしかないです。

北尾 やりますか……。その場合のモチベーションって微妙じゃないですか。だって、悪いことをした本人がもう白状していて、真実も知っちゃったと。タチが悪いなあ。

坂根 そうですね。

北尾 共犯者みたいな立場になりますよね。

坂根 確かに。

北尾 嘘に乗っかって、なおかつ弁護しなければいけないときに、後ろめたさはないですか。

坂根 まったくないです。

北尾 その理由は？

坂根 もちろん、職を離れた一個人として考えたとき、悩みがないわけではありません。ただ、ひとたび弁護士として仕事する以上は、そこには何の迷いもありません。

北尾 なぜそうなるんです？　どうして割り切れるんですか。

坂根　もし、弁護士に何か真実を告白したことによって、その弁護士が依頼者にとって有益な弁護活動をしてくれないということになってしまったら、誰しも弁護士に本当のことなんて話さなくなるでしょう。だから、どんな不利益な話をしていようが、常に弁護士は依頼人の利益のために行動する。これが保障されていることが、誰しもが弁護士の援助を受ける権利があるという制度を守るために意味があることだと思っているんですね。

北尾　理屈としてはわかりますけども……。

坂根　人って、やっぱり自分に不利益なこととかは言いたがらないです。

北尾　そうでしょうね。

坂根　ただ、そこを言わないと、絶対あとでしっぺ返し食らうわけですね。証拠が出てきてしまったり。だから、弁護士は、依頼者の利益を守るためには、有利なことも不利なこともしゃべらせないといけないんです。

北尾　被告人は接見で、弁護士に取調べを受けるようなものだ。

坂根　まあそうです。ただ、検察とは違って24時間調べられるわけじゃないので、限られた時間の中で、いかに信頼させ、話をさせるかっていうことですよね。「さあ真実を話せ」じゃ先へ進まない。だから、接見時間の大半は雑談してます。

北尾　わかります。ぼくも誰かにインタビューをするとき、少しでも心を開いてもらえるよう、雑談を重ねます。また、そこに本音が潜んでいることも珍しくありません。極端な話、雑談が弾めば、インタビューは半ば成功したようなものです。坂根さんもそこから入っていく。「あ、いま（被告人と）つながったな」と実感することもあるんですか。嘘もいっぱいつきそうなヤツだけど、いまのは心の底からの言葉だと感じる瞬間。

坂根 それはいっぱいあります。自分がやったことを心から後悔している人もいっぱいいますし、共感できることは少なくないです。ただ、共感できないときには危険だから、とにかく一所懸命やろうと思い直す。逆に、共感し過ぎたときもやっぱり危険で。

北尾 のめり込んじゃう？

坂根 当事者と同じになっちゃうと、見えるものも見えなくなる。証拠を見る目が当事者と同じになっちゃうとだめだと思うんで、そこは、一歩距離を置く意識は持っておきます。

北尾 心の声を探りつつ、自分の立ち位置を決めているんですね。相手が嘘を言ってると思えば、こちらから歩み寄る感じ。逆に引き込まれそうな相手なら、あえて距離を保つ。ところで、死刑事件を担当したことはありますか。

坂根 ぼくは死刑囚10人ぐらい持っています。

北尾 死刑制度についてはどう思いますか。

坂根 もちろんぼくは反対です。死刑よりは、まだ終身刑のほうがいいとぼくは思います。よく、「一生出られないぐらいだったら、早く死んだほうがいいんじゃない？」みたいなことを一般の人から聞かれたりすることがあるんですけど、実際、死刑囚と接していると、出られないとわかっていても生きていたいんですよ。やっぱりそこは人間の根源的な本能だと思うんです。

北尾 本音はそこだと。

坂根 明確には言わなくても、そう感じます。一生出られないとわかっていても、やっぱり生きていたいんです。そういう自然の本能みたいのを奪うっていうのは残虐ですよね。

▼検察官はほとんど起訴しない!?

北尾 裁判員裁判になってから休廷の回数が増えました。あの間は何をしてらっしゃいますか。

坂根 何もしていないです。正直、あんまり休憩が入るのはぼくは好きじゃないです。集中力が途切れちゃうんで。

北尾 裁判員も「え？」みたいな感じのときがありますよね。証人一人終わったらすぐ休廷とか。しかも15分から20分休むので、細切れになる印象がある。まあ、傍聴席からの勝手な注文を言わせてもらえば、もっと流れを重視し、ここぞというときにスパッと30分程度の休廷を入れてほしい。そのほうがメリハリがあって疲れないのではないかと。

坂根 裁判官は、裁判員のことをちょっと気にし過ぎなんですよね。

北尾 あの間に次の証人や被告人と打ち合わせをしているとか、そういうことはないんですか。

坂根 打ち合わせするには短過ぎるのであんまりないですね。

北尾　法廷が終わったあとではあるんですか。

坂根　それはあります。被告人と夜間面会したり。拘置所は20時まで面会ができるので。

北尾　判決が出てからはどうですか。被告人と会います？

坂根　1回は会いに行きます。もちろん控訴するかどうかを確認するためです。ぼくは、基本的に一審でやった人が控訴する場合には、その人がほかの弁護人を選ばない限り、自分から断ることはしません。弁護士を代えたほうがいいという考え方もありますが、ぼくは、引き続きやりたいし、やったほうがいいと思っています。

北尾　控訴して、高裁で有罪がひっくり返って「万歳！」みたいな経験はありましたか。

坂根　裁判員裁判ではないです。むしろ、無罪が有罪になったのが1件あります(笑)。

北尾　裁判員裁判での無罪をとった経験はあるんですか。

坂根　裁判員裁判では2件あります。

北尾　無罪をとるって、弁護士にとって勲章ですよね。

坂根　そうですね。めったにないことですから。

北尾　これまで通算だとどれぐらいあるんですか。

坂根　通算で10件ぐらいですか。

北尾　そんなに……、それはすごい。

坂根　刑事事件しかやっていないんで(笑)。

北尾　「無罪」って言われるまで、自分では負けたと思っていたということはあるんですか。

坂根　やっぱりその10件の背後には、数多くの負けがあるわけじゃないですか。何倍、何十倍っていう。だから、基本的には「だめだと思っとけ」って感じです。ただ、そうはいっても、「この事件は無罪が出てもいいんじゃないか」と考えてしまいますけどね。

北尾　無罪が出てもおかしくないと思っていたのに、ふたを開けてみたら有罪。がっかりしますよね。

坂根　そう。だから、期待しないようにしようと。

北尾　でも、無罪が出たら素直にうれしいでしょう。

坂根　うれしいというより、ほっとする感じですね。無罪が出てもいいんじゃないかと思うのは、弁護人が、「この人は本当に無実だ」と感じているような事件。もしこれが有罪だったら大変だという緊張感があるから、うれしいよりもほっとする感情が先に来るんです。

北尾　冤罪をひとつ防いだと。

坂根　そうです。安堵する。

北尾　じゃあ、ほんとはやっているってわかってんだけど、無罪って言ってくれと頼まれたケースで勝ったことは？

坂根　ないですね

北尾　勝っちゃったら微妙ですよね。弁護士としては優秀でも、人としてどうなのかと悩みそうです。

坂根　ただ、公判ではないですけど、不起訴っていうレベルではいくらでもあります。要するに、日本の検察っていうのは、有罪を維持したいがために、異常なまでにほとんどの事件を不起訴にするから。勝てないと思ったら不起訴にすると聞いたことがあります。

坂根 それどころか、勝てると思っても、少しでも不安を感じたら不起訴にしちゃうんです。

北尾 えっ、そうなんですか。だから、日本の裁判は有罪率が異常に高いんですね。

坂根 限りなく黒に近くてもどんどん不起訴になっちゃう。制度としてはとても問題だと思いますけど、それが現実です。「こいつは確実にやってるな」と思うような人でも不起訴になる人はいっぱいいます。

北尾 そうか。でも、そんなに厳格にスクリーニングしているのに、冤罪がなくならないのは不思議です。

坂根 冤罪事件の多くは、自白があったり、共犯者が自白しちゃってたりして、証拠上固く見えてしまうわけです。そして、自白が嘘であることを見抜くのはとても難しい。それで、いったん起訴されてしまうと、起訴された事件のほとんどは真っ黒だから、裁判官からすれば「この人もきっと黒なんだろうな」っていうふうに見えてしまう。それが冤罪を生む温床にもなっているんです。

北尾 勝てる事件しか起訴しないのを裁判官もわかっていて、先入観を持って裁判に臨んでしまうんだ。

坂根 いろいろ異論はあるところですけど、ぼくは、逮捕したらなるべく起訴して、裁判にかけて、無罪なら無罪でいいというほうが健全だと思いますけどね。

北尾 検察にはひとつでも裁判の件数を減らしたいって思いがあるんですかね。

坂根 でも、いま裁判員裁判の件数が想定よりかなり少ないんです。殺人なんか裁判員裁判の施行の前後で起訴率が全然違うんです。いきなり事件が減るはずないわけですから、これまで殺人で起訴していた事件を起訴しなくなったわけですね。殺人に限りませんが、本来やったことの責任をとらなければならないのに、軽い罪で起訴したり、不起訴となっているわけですね。別の言い方をすれば、犯人が得をしているわけです。逆に治安が悪化するんじゃないかと思ってしまいますけどね。

北尾 裁判員裁判の導入で統計上は事件数が減っているように見えるけれど、実際の事件は減っておらず、起訴件数のみ減っている。悪事を働いても、証拠が弱いなどの理由で裁判で勝てそうにない場合、公式な事件にはならない。悪いことをしても起訴されないなら、知恵をつけてまたやる輩が出てくる。水面下の事件が増えてくる。

坂根 殺人なんか顕著です。殺人で起訴できないからって傷害致死に落としていたりとかするわけです。

北尾 殺人と傷害致死では、事件の質はもちろん、量刑もかなり違ってきます。それは確かに健全とはいえないかもしれないな。

坂根 健全じゃないです。本来殺人で裁かれるべき人が傷害致死になっていたりするわけですから、それはどうかと思うんです。

▼どうしようもない弁護士

北尾 お金の話をしたいのですが、坂根さんは、国選と私選、どちらが多いんですか。

坂根 半々ぐらいです。

北尾　国選は弁護料が安いイメージがあるのですが、国選と私選では、正直やる気っていうか、違います？

坂根　金銭的な面でですか。実は裁判員裁判は他の刑事裁判に比べるとかなりもらえるんです。国選であっても、２人付いたら2人分もらえるんで、ヘタしたら私選よりももらえることがあります。もちろん額として充分とはとうてい言えませんが。

北尾　具体的に、国選弁護をするといくらもらえるのでしょう。

坂根　これは事件の大きさ、裁判の回数などで変わってきます。裁判員裁判でない第1審の事件で、争いがないと8万円前後ですね。だいたい期間としては1ヵ月くらいかかります。裁判員裁判ですと、争いがない事件で40万〜、争いがあって公判が2週間を超えるような事件だと、１００万を超えることもあります。ただ、その裁判の準備のために、半年以上時間がかかることを考えると国選だけで食べていくことは無理ですね。

北尾　最近、弁護士は食えないという話を聞きますが、そのへんはどう思われますか。

坂根　それは如実ですね。就職できない人が何百人単位でいます。事件は減っていて、人が増えていれば……。

北尾　ひとり頭の仕事量は少なくなる計算。また、企業が顧問の契約を更新しないとも聞きます。そうなると、民事でなんとかやっていた人が刑事に流れてきたりってこともあるんですか。

坂根　あります。刑事って、やろうと思えばいくらでも手を抜いてできてしまう。

北尾　棲み分けがしにくくなった。あまりいい状況ではないんですね。

坂根　ただ、裁判員裁判などは、やろうと思ってできるものじゃないので、刑事事件に不慣れな弁護士が重大事件を手がけることにはなっていません。

北尾　そうすると、何かトラブって弁護士さんにお願いしようっていうときに、当たりはずれがあるってことですよね。

坂根　そうです。

北尾　困るなあ。レベルの低い人にだけは当たりたくない。こっちは人生がかかってるんだ（笑）。

坂根　法外な値段を請求するところもありますよ。

北尾　〝悪徳弁護士〟ですね。

坂根　そうです。だから、なかなか難しいところがありますけど、やはり何人かには聞かないと。

北尾　医者を選ぶようなものですね……。話題が変わりますが、弁護士さんは、なんで「先生」って言い合うんですか。あれはやめたほうがいいと思うんです。

坂根　確かにね。

北尾　被告人とコミュニケーションをとるといったって、〝先生〟と犯罪者っていう立場で、圧倒的に〝先生〟のほうが偉いじゃないですか。そうすると、被告人のほうは、もう「先生にお任せします」みたいにどうしてもなっちゃうと思うんですよね。それでコミュニケーション能力に欠ける弁護士さんだったりすると、上から目線がすごい目立ってしまう。

坂根　とくに刑事事件の場合は、実際に犯罪をやっている人が多いし、そういう人はどんな結果でも弁護士にほとんど文句を言わないんです。だから、どうしても態度が大きくなるってところはあるでしょう。民事事件とは、そこがちょっと違います。

北尾 坂根さん自身は、それで被告人に首を切られた経験はないですか。

坂根 ぼく自身はないですけど、最近、接見に来た弁護士なり、国選で付いていた弁護士とのトラブルで、弁護士会への苦情が増えているのは事実ですね。

北尾 被告人が年長の人だったりすると、自分のせがれみたいな若者に説教されて、「確かに万引きしちゃったけど、そこまで言われたくない」っていうこともありそうです。

坂根 そうなんです。やっぱり素朴な正義感が強い弁護士が、そういうことをしちゃうんですかね。

北尾 「悪いものは悪い」、「だめなものはだめ」が空回りする。逆に、裁判を傍聴していると、まったくやる気の感じられない弁護士さんもたまに見かけます。

坂根 いますね。少なからずいます。

北尾 あれはやっぱりしょうがないんですか。

坂根 そういう弁護士がいるのはいろいろ理由があると思うんですけど、結局、これまではある程度の相場っていうのがあるから、弁護活動を一所懸命やってもやらなくても執行猶予になる事案なんかだと、モチベーションがなかなか保てないっていうのもあるのかもしれない。

北尾 でも、それは困りますよね。本人してみれば人生の剣が峰に立たされている気分。それなのに、やる気のない国選弁護人に当たってしまったら、「貧乏くじ引いちゃったな」ってなりますよね。しかも〝先生〟だと思っているから、制度があったとしても、気軽にチェンジを要求することもできない。

坂根 そう思います。だからぼくも、「国選にするか、私選にするか、どっちがいいですか」って聞かれたら、「国選でもいいんだけど、当たりはずれがあるから、そこは運だよ。全然動いてくれない弁護士もいるよ」ってアドバイスをせざるをえないんです。そういうときは、弁護士として悲しいですね。ただ、裁判員裁判の導入によって、市民の人が入ってきた。市民の人は1回切りの裁判ですから、相場観などないわけですね。弁護士の力量が問われるようになったと思います。

▼裁判員裁判を見ていると気になる法曹三者

北尾 法廷を見ていると、裁判官と検察官と弁護人がいて、みんな違う立場なんですけど、同じ業界の住人じゃないですか。仲間意識ってあるんですか。

坂根 東京はほとんどないです。大所帯過ぎていつも同じ検察官に当たるということがないので。

北尾 裁判官とはどうですか。

坂根 裁判官ともないですね。

北尾 じゃあ、少なくとも東京の場合は、その三者でなれ合いみたいなものはないんですか。

坂根 まったくないです。そこは言い切ってもいい部分です。

北尾 でも、こっちから見るとなれ合いがあるように見えちゃうんですよね。とくに検察官と裁判官は。

坂根　そこは時にそう見えることがありますね。担当部制があって、裁判官と検察官はいつも同じになるから、裁判官に、自分の法廷に来る検察官にはちゃんとしてほしいっていう思いがあるのかもしれません。そうじゃないと公判自体がうまくいかないですからね。指導が入るみたいなことはあるかもしれないです。

北尾　ところで、裁判が始まる前に公判前整理手続があるじゃないですか。そこで、争いのないところをざっくり端折っちゃうわけですよね。だから、傍聴していて、事件の全貌がわからないことがある。でも、争点を絞り込むために、法曹三者で相当がっちり話し合っているのだろうという点だけはわかる。公判前整理手続はどんな雰囲気で行われますか。

坂根　比較的ざっくばらんな感じです。公開することにも支障がない事件のほうが多いかもしれませんね。

北尾　裁判員裁判では、弁護人は何人かでやっていることがほとんどですが、あれは、どうやってチームを組むんですか。

坂根　基本的には、1人目に選ばれた人が選ぶことが多いですね。

北尾　主任弁護人が指名する？

坂根　ええ。やっぱり弁護士間で意思疎通を図れるのが一番重要なので、最初に選ばれた人が次を選ぶ。ただ、次を選べない人もいるから、そういう人は弁護士会に「誰か紹介して」って言ってくるんですね。そうすると、弁護士会が「じゃあ、あなたが2人目に入って」みたいなことでやって、うまくいかないことがあるわけです。

北尾　ああ、まったくチームな感じがしない弁護団ってたまにありますよね。第1法廷の「危険運転致死事件」を取材したときに、弁護人の村木さんが、経験を積ませるために、あえて後輩の若手を主任にして自身はサポートにまわったと言っていましたが、そういうことも結構あるんですか。

坂根　基本的には経験のある弁護士が主任をやることがほとんどですけど、弁護士って、自分の責任と判断でやらなきゃいけない局面に立たされてはじめて伸びるんです。だから、若手にあえて主任をやらせることも必要ですよね。

▼刑事弁護はトータルマネージメント

北尾　大事な証人とかで、絶対話してもらう必要があるんだけど、自由に話させたら何を言い出すかわからない、暴走しがちな人もいますよね。そういう人との打ち合わせは、どの程度細かくやるものなんですか。

坂根　ぼくは十分に打ち合わせするほうです。できる限り法廷をコントロールしたいので。検察官がどう出るかとか、裁判官がどう出るかって不確定要素はありますけど、それも引っくるめて弁護人が公判を予測しないといけない。

北尾　証人もそのなかに含まれると。

坂根　そうです。ただ、練習し過ぎちゃうと、法廷でリアリティが感じられなくなることもあるので、話す内容は完璧に打ち合わせしたうえで、シナリオをきちっと決め過ぎないようにはしていますけど。

北尾　プレーイングマネジャーっていうか、代理人として自分の立場を全うしつつ、さらに全体を指揮者みたいにコントロールする。トータルでのマネージングっていうか、そういうことを考えます。

坂根　そんな感じです。意識的にそうしようと務めている。

北尾　そうすると、戦術がハマって、「ここはうまくいったな」みたいなこともあれば、ちょっと今回、この指揮棒に対して全然音が出てこないよっていうこともあるわけでしょう。

坂根　ありますね。

北尾　まず、うまくいっているときっていうのは、どういう感じなんですか。

坂根　やはり、検察官の反対尋問なりがすべて想定の範囲内だったときなどはうまくいっていると言えるんじゃないでしょうか。

北尾　「きた、きた、きた」みたいな感じですね。

坂根　そうです。こっちの予測したとおりに事が進む場合です。

北尾　万全の構えで手が打てると。じゃあ逆にうまくいっていないってときは？

坂根　トータルマネージングは具体的にどうやるかというと、公判においてこの事件のどこにみんな着目するか、どこに疑問を感じるかということを考えて、多分ここだろうと予測して答えを用意しておく。そうして、みんながそこに行くように誘導して、用意した答えを出せばいいようにするわけですけど、全然想定していなかったところに疑問を持たれちゃったりすると、プランが全部狂っちゃうんです。とくに裁判員裁判。一般の人は、ぼくたちが想像もしていなかったようなところから疑問点をぶつけてきたりするので、うまくいかないことがありますね。

北尾 裁判員の質問は、ぼくらも聞いていて「そうそう、そこが聞きたかった」と拍手したくなるツッコミをする人もいれば、「ああ、もう、それは別に要らないでしょう」っていうのも多々ありますよね。プロの弁護士でも「その角度ですか?!」と意表を突かれ、ビクッとすることがあるんだ。

坂根 もちろんそういうこともありうると思って、かなりいろんなことを想定して臨むんですけど、それを上回るものがくるときがあるので(笑)。

北尾 そういうときはどうするんですか。法廷は待ったなしじゃないですか。

坂根 そこは、証人なり被告人に任せるしかないです。弁護人はただ「がんばれ、がんばれ」と祈るだけです(笑)。

北尾 検察官がこっちの想定を上回った鋭いものを出してくるときもありますか?

坂根 ないです。

北尾 即答でしたね。

坂根 検察官は組織で動いているので、臨機応変に対応することが苦手ですね。

北尾 最初に持っている証拠が最強であって、それ以上のものは……。

坂根 出てこないです。

北尾 でも、検察官によっては質問を重ねながら被告人を心理的に追い込んでいく人がいますよね。あれは見ていてドキドキします。性犯罪なんかだと、女性の検察官ですごく厳しい人とか。まあ、半ば演技だと思うんですけど、「がんばってくれ」、「耐えてくれ」と応援しつつ、弁護人は黙って見ていなきゃいけない。

坂根 そうですね。ただ、あんまり度が過ぎて怒ると、やっぱり裁判員も引いちゃうんで、演技過剰な人は放っておいても大丈夫です。

北尾 裁判は、攻める検察官 vs 守る弁護人の構図だと思うのですが、坂根さんの話を伺っていると、対決(?)相手である検察官をちっとも恐れていないように感じます。持っている証拠で、とてもかなわないと思うことはあるとしても、質問の鋭さなど、個人の能力に関して、さほど警戒していないと考えていいですか。

坂根 一方的な検察官の立場ではなくて、弁護人や被告人の側に立ってものを考えることのできる検察官は、手強いですね。

北尾 今日初めて理解できたのですが、裁判員がよほどのことをしない限りは、弁護人は公判開始前に全体の流れが想定できる。攻められる立場のように見えて、うまくタクトを振れば、裁判全体の〝音色〟をコントロールできるポジションにいられる。

坂根 そうですね。

北尾 たぶん検察官はこれぐらいを求刑してくるだろうというのを見越して、その落としどころを踏まえたうえで、全体を組み立てていく感じなんですか。

坂根 いや、単純に落としどころに行くのもつまらないから、ちょっとがんばった目標を作るわけです。執行猶予を狙っていくとか、通常だったら6年だけども5年を狙っていくとか。ただ、それは同時にリスクもはらむことになる。要するに、軽過ぎる話をしたら、説得力が伴わないときは想定以上の刑になってしまうかもしれない。常識的な落としどころを最低ラインとして、少しトライする感じです。

北尾 その場合の満足度はどうなんですか。まあこんなもんかなと思うところで収まった場合は〝合格〟なんですかね。

坂根 合格とは思わないですね。落としどころに収まっただけの場合は。

北尾 じゃあ、すべて順調にいって、トラブルもなく執行猶予が付きました、と。でも実は被告人は反省しておらず、しかもかなり性根が悪い。この場合、悪党を世に放つ手伝いを弁護士がしているわけで、再犯に向けての不安はないんですか。

坂根 もちろん不安になるときもありますけど、この人が出た後もう1回やるかどうかなんて誰にもわからないんです。いま、どんなに悪態をついていても、結果的にまっとうな人生を送るかもしれない。もしそこまで弁護士が考えて活動しちゃったら、被告人がまっとうな人生を送る可能性を守る人間は誰もいなくなってしまう。

北尾 先読みして、裁判官まがいのことをすべきではないと。

坂根 はい。将来この被告人が再び悪事を働くかどうかについて、弁護人は考えちゃいけないと思っています。

「悪いヤツの代理人となることに、心の葛藤はありません」
被疑者や被告人がどんな人かは弁護とは関係ない。それより「国家権力の暴走を防ぎたい」!
なんで割りきれるんですか!?
弁護士は取調官じゃないですから
補充裁判員の反応まで意識してます。
どういう代理人でありたいですか
できるかぎり法廷をコントロールしたい

▼裁判員にどう映るかが大事

北尾 そうすると、弁護人にとってのやりがいというと、ひとつは刑期ですよね。ちょっと無理めな設定をクリアできたときとかがあると思うんですけど。坂根さんの経験で、うまくいった例を教えてください。

坂根 たとえば、被告人が深く考えずに事件を起こしてしまって、検察官は法廷で被告人をいじめる。被告人もしゃべるのが下手な人で、反省してるんだけどもうまく伝えられない。そういうときに、彼を支えてくれる人を見つけてきて、法廷で話してもらう。そして、裁判員もこの人がいるならもう一度被告人に期待してみようと思ってくれる。こういう事件は、わずかですけれども刑に影響しますね。そういう法廷になったときはうれしいですね。

北尾 では、「まるっきり歯が立たなかったけど、しかし、ベストを尽くした」みたいなときは？　弁護人にとって〝良き敗者〟という価値観はありますか。

坂根 ないですね。ぼくは、この仕事は結果がすべてだと思っているんで。弁護士というのは、請負的な側面が非常に強いと思います。だから、どんなにがんばったところで、結果が伴わなければ何も満足することはないです。

北尾 じゃあ、逆もそうなのかな。たとえば戦い方としてはものすごい邪道で、被告人や証人が、涙、また涙で裁判員の同情を得て、量刑が軽く済んだとしても、結果が出ればいい？

坂根　そうです。すべては結果です。

北尾　そういう考え方って主流なんですか。

坂根　どうなんですかね。

北尾　何か刑事弁護に美学を持っているような人もいますよね。弁護人って、本来あんまり主役になっちゃいけないと思うんですけど、5分で終わる弁論を朗々と長々やっちゃうとか。あと、検察官にちくちく言ってみたり。何の効果があるんだろうかと思うんですけど。

坂根　効果は別にないですよね。

北尾　むしろ悪い影響というか。「この野郎、生意気言いやがって」と思われるだけで。挑発してどうするんだろうとか思うことがあります。

坂根　ただ、刑事弁護をやる人には、思いが強い人も結構多いんで。

北尾　若い弁護人なんかを見ていると、国選で、全部認めている被告人で何の見せ場もないから、何か1個ぐらい見せ場を作ろうとしてるふうに見える人もいます。意気込みは買うんですけど、残念ながらだいたいスベるんですよ。

坂根　でも、ぼくも若いときはそうだったかもしれないです。意味もなく異議を出してみたりとか（笑）。

北尾　そうそう、「異議あり！」の連発（笑）。進行が遅れるだけなのに、いちゃもんをどんどんつけていったり。傍聴人としてはそれも見所のひとつですが。

坂根　でも、そういうのは弁護人が一人前になるまでに通っていく道だと思いますけどね。

北尾　そうなのかな。

坂根　そのまま行っちゃう人もいますけど(笑)。

北尾　ぼくが被告人だったら、「何やってんだ、おまえ」って気持ちになりますけどね。「現場で練習するな！」と言いたい。

坂根　先ほどの話ですごく面白いと思ったのは、コンダクターみたいに全体を動かしていくっていう意識があるというところです。裁判員の心にちゃんと言葉を響かせる技術、「感動させてやれ」ぐらいの話術を駆使して、心理的に味方についてもらうことができるかどうかが、弁護人の腕の見せどころかと。裁判員裁判は、つまるところ検察側と弁護側で裁判員6人が持つ票の分捕り合戦をしていくものだから。

北尾　ぼくの印象では、裁判官もそうですし、最初は裁判員もかなり検察寄りの人が多いです。だから、それをこっち側に傾けるのって、相当力が要ると思うんですが、どういうふうにやるんですか。

坂根　検察官は全部立証しなきゃいけないけど、こっちは検察官の主張を崩すものが1個か2個あればいいから、そこは弁護側の強みですね。その1個なり2個なりを見つけて、そこに集中する。

北尾　6人のうち、「この人を落とそう」みたいにターゲットを絞ったりすることはあるんですか。

坂根　あります。「ああ、こりゃだめだな」とか、「あの人はおよそ共感していないな」とか感じることもあります。

北尾　態度でだいたいわかりますよね。初日からすごく身を乗り出して興味を持って熱心に聴く人とか、帰りたそうな人とか、やっぱり顔触れを見るでしょう。そういうときに、「あの一番やる気のなさそうなあのじいさんを振り向かせれば、オレの勝ちよ」みたいな、そういうことってあるんですか。

坂根 あります。あと、後ろに座っている補充裁判員もやっぱり意見が言えるから味方につけたいんで、そっちへの気配りもします。

北尾 補充裁判員まで。そうか、裁判員が体調を崩せば、実際に票を持つケースもあるなあ。

坂根 そうそう。いつどうなるかわからない。

北尾 裁判員対策は、具体的にどういうことをしますか。

坂根 たとえば証拠を見せたり、朗読するときは、裁判員がちゃんと見えているか、聞こえているかを気にかけるとか、そういう小さなことです。

北尾 弁護士は役者じゃないんだけど、そこにいるだけでオーラというか、信頼できそうな感じが醸し出される人もいれば、そうじゃない人もいます。素人である裁判員にとっては、そんなことでさえ影響を与える可能性がある。そこで聞きますが、裁判員を前に話をするとき、坂根さんは声のトーンとか、しゃべり方とか、そういった部分も気をつかったりするんですか。

坂根 そうですね。裁判員にどう映るかなってことは意識します。

たとえば、若手の弁護士とやった争いがない事件で、被告人はホームレス暮らしを十何年もしていたんですが、若手の弁護士と比較的年が近かったんです。それで、ぼくが言うより、その若手の弁護士が「これから彼は立ち直ります」と言ったほうが、共感が得られるんじゃないかと思ったので、彼を中心に弁護活動をしました。

北尾 それはすばらしいと思います。役割分担して、最大に効果があるほうがやったほうがいい。男女いるとしたら、この話題は女性が言葉にするほうが適している、という状況は必ずあるはずです。何でも自分でやっちゃう主任弁護人もいますが、ぼくは、人材を活用するっていうか、総力で攻めてほしいって思うんですよね。だって、そうそう勝てないですから。勝てる戦略を考えてほしいなって。

坂根 傍聴していると、熱弁する自分に酔ってて、「ああ、あの人、だんだん気持ちよくなっていってんな」っていうのが手にとるようにわかる弁護人って結構います。「こんなにがんばっています」みたいに盛り上がっちゃってる弁護人は見ていてちょっとつらいというか。

北尾 アメリカの陪審員裁判をやる大きな弁護士事務所は、陪審員の前に出る弁護士の衣装部屋みたいのがあって、「その日の審議はこういう審議だから、こういう衣装がいい」みたいなところまでやるって話を聞いたことがあります。

坂根 へえー。

北尾 さすがに日本じゃそこまでできないですけど、そういうことまでやはり気配りしないといけないですね。

坂根 向こうだと、映像が出たりとかありますしね。一種の人気商売みたいなところがあるから、弁護人もそうなのかな。

北尾 日本の場合も、裁判員裁判が始まって以降、弁護士も着るものだとか髪形だとか、多少気をつかうようになってきているんですか。

坂根　それはそうじゃないですか。ぼくもそうしているし。

北尾　身振りなんかはどうなんですか。昔はいませんでしたよね、身振り手振りを入れて話すような弁護士。でも、いまはわりといるじゃないですか。

坂根　そうですね。

北尾　坂根さんはどっちのタイプ？

坂根　ぼくは結構表面に出るほうです。ただ、オーバーアクションのマイナスっていうのがあるから、そこは自然に出るのに任すっていうか。

北尾　マイナスとは？

坂根　演技っぽく映ってしまったら、マイナスだと思うんです。少しでもぎこちないと、聞いている側も何か違和感を覚えると思う。なので、身振り手振りを入れようとかは意識しないです。

北尾　弁護士会などでは裁判員裁判の弁護技術を教えたりしているんですか。

坂根　高野隆弁護士を中心に行っていますね。メインで教えているのは冒頭陳述や証人尋問、最終弁論においていかに裁判員を説得するか、ということですね。模擬資料を使って実演させて、それをビデオに撮っておくんです。その場でも、「ここをもっとこうしたほうがいいね」ってアドバイスをして、それが終わったあとに別室で自分のビデオを見てもらう。

北尾　自分で見て「うわあ」と頭を抱える。感情がこもってないと反省してみたり。

坂根　そうですね（笑）。

北尾　実演はどのように？

坂根　事前にあるひとつの模擬事件を送って、当日に尋問と弁護をやってもらうので読んでおいてくださいと。それで、当日、その場でやらせる。証人とかは講師役がやったり。

北尾　弁論などの仕方は、それぞれが考えてくるのですか。

坂根　そうです。

北尾　結構大変だ。歌って踊れる歌手ではないけれど、論理的で冷静な思考力と、心をとらえる表現力が求められる時代なんですね。参加者はどのくらいいるんですか。

坂根　法廷技術を学びたい弁護士は多いですね。

北尾　そのとき、坂根さんはどういうアドバイスをするんですか。どういう弁論の組み立てをするかっていうことと、それを実際声に出してしゃべるときのパフォーマンス的な部分、両方ともですか。

坂根　両方です。もちろん、なにより内容が大事なので、内容重視ですけど。

北尾　それに加えて「下向いてぶつぶつ言ってるんじゃないよ」みたいな指導もするんだ。

坂根　いかに内容がよくても、やっぱり伝え方がだめだと伝わらない。それでは意味がないんで。

北尾　裁判員裁判以前とは違う能力、伝える技術がモノを言う。できる弁護士、結果を出せる弁護士の基準も急速に変わっていくのかもしれない。

▼高野弁護士はすごい！

北尾 高野弁護士といえば、ぼくも第4法廷の「傷害致死事件」で傍聴して、すごいなと思いましたけど、マネするのは難しいですよね。

坂根 無理ですね。マネすると失敗するんです。あれは高野弁護士にしかできないです。

北尾 彼の法廷を見ていると、裁判員がだんだんグラグラ揺らいできて、最後にはこっちにグインって傾くのがわかるんですよね。何が違うんですかね。

坂根 キャラに尽きるでしょうね（笑）。

北尾 でも、テクニックとか学ぶべき点もあるんじゃないですか。坂根さんから見て、高野弁護士の「ああ、さすがだな」っていうところはどんなところですか。

坂根 それこそ全体をコントロールして、みんなの注目をここに行かせようってなったときの行かせ方がすばらしいんです。

北尾 初公判で、バーンと花火を打ち上げますよね。

坂根 そうです。そういう人です。

北尾 〝推定無罪〟っていうわかりきったこともしっかり言いますよね。これは高野弁護士に限ったことじゃないけど。

坂根　そうですね。

北尾　裁判の途中で念押しみたいにも言うし、「その推定無罪が、ほら、いま崩れかけているでしょ」とか、「もう崩れちゃったでしょ」ってときどき思い出させるんですよね。「ぼくが最初に何を言ったか思い出してください」みたいな感じでね。そのへんがわざとらしくないっていうか。

坂根　そこがまたキャラのなせる技っていうかね。

北尾　高野弁護士が一本取った場面っていうのがあってですね。検察官が被告人の過去に急に踏み込んで、「あなたは、昔、暴走族だったよね」って。でも、ぼくらから見ても、それは事件と直接関係ないでしょうと。

そのときの高野さんの踏み込み具合がすごくて、「それはいまの事件ともいまの被告人の生活とも関係ないじゃないか！」っていうことで、一気に法廷をヒートアップさせちゃったんです。ここがキモだとばかりに。

坂根　高野弁護士は、そういう嗅覚も優れています（笑）。

北尾　たぶん本人は冷静で、わざとやってるんだと思う。意識的に法廷を混乱させている。被告人も検察官の質問に怒っているし、それが裁判員に伝わるんですよ。そうすると「何だ、これ」みたいになって、「検察官も結構ひどいんじゃないの」っていう空気にみるみるなっていく。

坂根　そういうことが直感的にすごいんですよね、彼は。

北尾　高野弁護士ばかり褒めていてもしょうがないですけど（笑）、彼をひとつの山の頂上だとして、坂根さんが中堅どころだとしたら、数的には、やっぱり中堅からその下が多いわけですか。

坂根 圧倒的です。

北尾 中堅以下の人たちが、裁判員裁判という大きな事件を担当する機会が多い。これは素人的に考えるとですね、勝つ可能性はただでさえ少ないのに、エースがあまり連投が利かない状態です。へたすりゃ二軍みたいな人がどんどん上がってくるわけで、どうしても勝ち目が薄く感じちゃうんですけど（笑）。

坂根 そこはまあ……（笑）。でも、少し前に比べたら、若手の刑事弁護人は裾野がとても広がっていると思うんで、もう少しみんなが成長していけば変わっていくのかなって気はしますけどね。

北尾 不謹慎な言い方になりますが、見ていてワクワクする弁護が見たいですね。過渡期にある刑事弁護の世界がどこまで進化していくのか、傍聴席から注目しています。

あとがき

裁判員裁判開始後、検察官や弁護人の法廷術は明らかに変わった。評議の席で全9票中6票を占める裁判員の支持がなければ、望む判決が得られないからだ。

検察官は強い口調で被告人を責めたり、皮肉まじりに嘲笑するパターンを封印。自白調書に頼ることも控え、映像や図解のビジュアル効果を活用して証拠の正当性を訴える機会を増やした。

かつてよく見られた、自分たちが正義の使者でもあるかのような、エラソーな物言いはすっかり影を潜めている。

弁護人は服装などの外見に気をつかうようになり、法廷の中央まで出て裁判員に語りかけるなど、自分が被告の代理人としての立場を明確にして弁論を行うことも多くなった。

ここが争点だという内容を裁判員にはっきり伝え、言葉という武器を最大限に使って証拠の矛盾を突く。また、冒頭陳述や弁論で、弁護人の希望する量刑年数（有罪だと認める場合）を告げることも一般的になってきている。

これまで以上に、法廷での戦いぶりが判決に影響を及ぼすようになり、弁護人にとっては、その実力を問われる時代。そこで、弁護人チームの一員になった〝つもり〟で傍聴してみたのがこの本だ。

勝手にその気になっているだけで何の力にもなれてはいないが、裁判における弁護人は、被告人の代理人という変則的な立場。実際の裁判での奮闘ぶりを伝える記事は、これまでほとんどなかった。ぼくのリポートが、弁護人を理解するための橋渡しとなれば嬉しく思う。

『季刊刑事弁護』連載時から本書の完成まで並走してくれたのは、現代人文社の西村吉世江さん。弁護士が読む専門誌にこんなこと書いていいのかとビビるぼくの背中を、「遠慮しないでどんどん書いてください！」と押し続けてくれた。

なにしろ連載中のタイトルが「弁護人！これで裁判勝てますか」である。おかげで毎号、群を抜いて浮き上がった記事に……。

傍聴させていただいた弁護士の方々には、事前に話をうかがった方もいれば、面識もないまま書かせてもらった方もいる。また、坂根真也弁護士には長時間の対談に応じていただき、弁護人の本音を聞くことができた。この場を借りてお礼申し上げます。

そして、読んでいただいた方々、ありがとうございます。我々はいつ裁判員に選ばれるかわかりません。ぜひ一度、法廷に行って、自分の目で裁判を傍聴してみてください。表面上はクールなやりとりでも、よく見ていると、激しいバトルが行われていることがわかってくるはずです。

２０１３年初秋　北尾トロ

北尾《きたお》トロ

1958（昭和33）年、福岡市生まれ。フリーライター。

執筆以外にも、インターネットを使った古本屋「杉並北尾堂」をオープンしたり、日本に「本の町」を作るプロジェクトを立ち上げたりと、広く「本」に関わる仕事に携わってきた。

2010（平成22）年には、ノンフィクション専門誌『季刊レポ』を創刊。編集発行人を務めている。

執筆のテーマは広いが、趣味で続けていた裁判傍聴のエッセイ『裁判長！ここは懲役4年でどうすか』（文春文庫）の大ヒットにより、刑事裁判や司法制度についての著書も増える。

ほかに『気分はもう、裁判長』（イーストプレス）、『裁判長！これで執行猶予は甘くないすか』（文春文庫）、『裁判長！おもいっきり悩んでもいいすか』（文春文庫）、『裁判長！死刑に決めてもいいすか』（朝日文庫）などがある。


傍聴弁護人《ぼうちょうべんごにん》から異議《いぎ》あり！

2013年10月25日　第1版第1刷

著　者　北尾トロ
発行人　成澤壽信
編集人　西村吉世江
発行所　株式会社 現代人文社
〒160-0004 東京都新宿区四谷2-10 八ツ橋ビル7階
Tel: 03-5379-0307　Fax: 03-5379-5388
E-mail: henshu@genjin.jp（編集）/ hanbai@genjin.jp（販売）
Web: www.genjin.jp
発売所　株式会社 大学図書
印刷所　株式会社 平河工業社
装　丁　doux papier（まゆみん／加藤英一郎）

検印省略 Printed in Japan
ISBN978-4-87798-559-2 C0036